청소년을 위한

300프로젝트

CampusMentor 캠퍼스멘토 X 모야 MOYA

청소년을 위한
30일
Success!
프로젝트

CampusMentor 캠퍼스멘토 X 모야 MOYA

저자 **손영배**

| 이력

· 영종국제물류고등학교 진로상담교사
· 인천시교육청 진로직업 대표강사
· 공학 박사(IT응용기술)
· 인천 직업계고 진로진학상담교사 협의회
  회장(前)
· (사)전국학교기업협의회 감사(前)

| 집필활동

· 『진로독서 워크북』
· 『이제는 대학이 아니라 직업이다』
· 『이제는 대기업이 아니라 강소기업이다』
· 『성공적인 직업생활』 교과서 (공저, 대표저자)
· 『공업 일반』 교과서 (공저)
· 『드론! 어디까지 날려봤니?』

| 소통채널

· 유튜브 <행진가tv> 운영
· 페이스북 <careerPD> 운영
· 네이버 블로그 <재능디자인연구소> 운영

27년 차
진로직업상담 전문가!
영종국제물류고등학교 진로진학상담교사!

대학이 우선이던 시절, 충남대학교 기계설계과 졸업
후 현대모비스 본사에서 6년, 외국계 회사에서 1년간
회사원으로 일했다. 이후 적성이나 특기가 아닌 성적
으로 줄 세워 진학과 취업이 이뤄지는 진로교육을 바
로잡기 위해 진로진학상담교사가 되었다. 전국 최초
로 '학교기업'을 인가받아 교내 자동차정비 학교기업
을 운영하고 이를 바탕으로 10년간 일본과의 학술교
류를 주도했으며, 창업동아리 지도로 학생 CEO를 배
출하는 등 진로진학상담교사로서 맹렬히 활약했다.
그런 그가 『300프로젝트』를 읽고 유레카를 외쳤
다. 명확한 목적과 비전도 없이 성적과 스펙으로 고통
받는 제자들을 위해 300프로젝트를 응용한 진로독서
프로그램을 진행하자는 생각이었다. 그는 학교와 학
생의 상황에 맞게 30프로젝트, 333프로젝트 등 형식
을 달리하여 꾸준히 300프로젝트를 진행하고 있다.
그뿐만 아니라 자신도 진로 교육을 주제로 300프로
젝트에 도전하며 진로 지도 방향에 스스로 확신을 갖
게 되었다.
지은 책으로는 『이제는 대학이 아니라 직업이다』,
『진로독서 워크북』, 『이제는 대기업이 아니라 강소
기업이다』, 『공업일반』 교과서 (공저), 『성
공적인 직업생활』 교과서 (공저, 대표저자) 등
다수가 있다.

14년 차
퍼스널 브랜딩 전문가이자 지식소통가!
엠유의 대표!

인하대학교 영어교육과 졸업과 동시에 결혼과 육
아를 시작했다. 그의 나이 서른, 전공을 살려 취업한
YBM SISA Junior에서 사업부 지국장, 최연소 국장
을 거쳐 본부장을 역임했다. 단시간 최고의 위치까
지 올라선 그는 '어떤 사람이 되고 싶은가'에 대한 답
을 찾기 위해 300프로젝트를 시작하며 스스로 제2
의 삶을 열었다.
그는 현재 자신의 이름으로 살고자 하는 사람들의
브랜드 정체성 확립을 돕고, 온·오프라인 비즈니스
평판을 관리하는 퍼스널 브랜딩 그룹 엠유의 대표
이다. 대한민국 최고를 인터뷰하는 <조연심의 브랜
드쇼> 진행자이고, 퍼스널 브랜딩 관련 책과 사람을
소개하는 네이버 오디오클립, 네이버TV <당신브랜
드연구소> 소장이며, 서울시 비영리단체 글로벌창
의인재양성소 대표이자 ESG기업, 스타트업, 플랫폼
기업 등의 브랜드최고경영자인 CBO로 활동 중이
다. 최근 퍼스널 브랜딩에 대한 모든 것을 서비스하
는 쇼핑몰 <잇츠브랜딩>을 오픈했다.
지은 책으로 『하루 하나 브랜딩』, 『퍼스널 브랜
딩에도 공식이 있다』, 『나를 증명하라』, 『과정
의 발견』, 『300프로젝트』(공저), 『퍼스널브랜
드로 승부하라』(공저), 『나는 브랜드다』 외 다수
가 있다.

저자 **조연심**

| **이력**
· 인하대학교 사범대학 영어교육과 학사
· YBM SISA 학습지 사업부 지국장, 국장,
  본부장 역임

| **집필활동**
· 『하루 하나 브랜딩』
· 『퍼스널 브랜딩에도 공식이 있다』
· 『과정의 발견』
· 『나를 증명하라』
· 『나의 경쟁력』(공저)
· 『300프로젝트』(공저)
· 『퍼스널브랜드로 승부하라』(공저)
· 『나는 브랜드다』 외 다수

| **소통채널**
· 네이버 오디오클립, 네이버TV
  <당신브랜드연구소> 운영
· 카카오채널 <잇츠브랜딩> 운영

1장.
300프로젝트, 내 삶이 바뀐다

인순이
가수

이렇게 멋지고 대단한 프로젝트라니! 가슴에 뜻을 품고, 무언가에 도전한다는 것. 그동안 알지 못했던 지식을 쌓고, 다양한 사람을 만나고, 내 생각이 담긴 글을 차곡차곡 쌓는다는 것. 그렇게 자신의 세계를 확장해 나가는 경험은 위대한 일입니다. 물론 절대 쉽지 않을 것입니다. 그러나 인생은 길고 긴 마라톤. 한 발자국씩 내딛다 보면, 언젠가 결승선에 도달해 있겠죠.

지금도 어디선가 300프로젝트에 도전하고 있을 모든 분께, 저 인순이가 진심 어린 응원과 용기를 전합니다! 300프로젝트 도전자 여러분, 파이팅!

양진
(사)출산육아교육협회 이사장

4차 산업혁명 시대, 우리는 매일 빠르게 변화하는 세상을 넘어 매일 새로운 세상을 접하고 있습니다. 인공지능과 인간지능이 공존하는 세상을 살아 내야 하는 지금, 기존의 많은 일자리가 사라지고 우리는 새로운 일거리를 만들며 끊임없이 스스로 증명해야 하는 시대입니다. 바로 이때, 300프로젝트는 무엇을 해야 하는지에 대한 명확한 방향을 제시하는 바로미터가 될 것입니다. 이 책으로 자신의 주력 분야를 찾고 스스로 데이터를 축적하는 과정을 실사례로 만나보시길 권합니다. 실제 적용이 용이하며, 나만의 길을 찾을 수 있는 실행서이기에 큰 효과를 얻을 수 있는 책입니다. 특히, 청소년도 스스로를 증명해야 하는 퍼스널 브랜딩 시대, 단비와 같은 방향서가 바로『청소년을 위한 300프로젝트』가 될 것입니다.

김봉환
숙명여자대학교 교육학부 교수

새롭게 출간되는 도서 『청소년을 위한 300프로젝트』를 접하고 무척 반가운 마음이 들었습니다. 오랜 기간 청소년 진로탐색 프로그램과 교구를 개발하며 아쉬웠던 점은 '진로'라는 거대한 담론을 단지 '진학'이나 '취업'으로 한정하려는 경향이 지배적이라는 것이었습니다.

필자가 생각하는 청소년 진로교육의 목표는 자신의 진로에 대해 늘 깨어있는 자세로 성찰하고 탐색하는 것입니다. 스스로 목표를 세우고, 목표 달성을 위해 역동적으로 노력하도록 도와주는 것입니다.

『청소년을 위한 300프로젝트』는 필자의 아쉬움을 달래주기에 부족함이 없습니다. 학교급과 학생 상황에 따라 유연하게 활용할 수 있다는 것도 큰 장점이라고 판단됩니다. 이 책을 통해 많은 청소년들이 불확실한 미래에 대해 자생력을 가지고 '창의적인 진로개발 역량'을 함양할 수 있기를 기대해 봅니다.

김수영
꿈쟁이 작가
『멈추지 마, 다시 꿈부터 써봐』 외 저자

저는 2007년부터 지금까지 15년간 블로그에 2,100여 개의 글을 썼습니다. 글을 쓴지 3년 차에는 제 책을 출간했습니다. 그리고 퇴사 후 2년간 47개국에서 500명을 인터뷰했습니다. 그러면서 제 인생은 완전히 바뀌었습니다. 여러분도 읽고, 만나고, 기록해 보세요. 확실한 성장을 경험하게 될 것입니다.

왜 300프로젝트인가?

"내가 대학을 졸업할 때는 일자리를 찾았다. 그러나 너희들이 대학을 졸업할 때는 일을 직접 만들어야 한다."

경제·경영 분야의 세계적 베스트셀러 작가이자 『뉴욕타임즈』 칼럼니스트로 활동 중인 토머스 프리드먼Thomas Friedman이 그의 딸들에게 한 말이다. 일자리 찾기가 수월하지 않은 것은 우리나라뿐 아니라 대다수 나라에서 겪고 있는 문제이다.

19세기 산업혁명 시대에는 단순 육체노동을 하는 블루칼라 노동자가 떴고 20세기 정보산업 시대에는 자격증으로 승부를 하는 정신노동자인 화이트칼라 노동자가 떴지만 21세기 지식창조 시대에는 아이디어로 승부를 하는 골드칼라 노동자가 뜬다.

조연심의 『나를 증명하라』에 나오는 내용이다. 골드칼라는 일할 때 입는 푸른색 작업복과 흰 셔츠에서 유래한 블루칼라나 화이트칼라와 달리, 금처럼 반짝이는 아이디어와 창의력을 갖춰야 한다는 의미에서 나온 말이다. 이는 1985년 카네기 멜론대학 로버트 켈리Robert Kelly교수의 저서 『골드칼라 노동자Gold Collar Worker』에서 처음으로 언급되었다. 블루칼라의 무기는 육체적인 노동력이고, 화이트칼라의 무기는 학력, 경력, 자격증이듯 골드칼라의 무기는 기발한 아이디어와 창조적 사고다.

와튼스쿨 경영대 교수인 제레미 리프킨Jeremy Rifkin은 『노동의 종말』에서 "첨단기술과 정보화 사회, 경영혁신은 인간의 삶을 풍족하게 만드는 것이 아니라 오히려 일자리를 사라지게 만들 것이다."라고 예견했다. 4차 산업혁명으로 인해 그가 예견한 미래가 앞당겨지고 있다. 산업 지형이 빠른 속도로 변화하면서 2020년까지 500만 개의 일자리가 사라졌고, 2025년까지 일자리의 3분의 1이 소프트웨어나 로봇으로 대체된다는 전망은 현실이 되고 있다. 블루칼라가 종사하는 제조 분야뿐 아니라 화이트칼라가 수행하는 업무 역시 인공지능 AI 로봇에 의해 대체되는 게 일반적인 현상이다.

그렇다면 인공지능에 대체되지 않을 직업을 가지려면 어떻게 해야 할까? 인공지능이 습득할 수 있는 업무는 명확, 단순하며 프로세스로 정리할 수 있고 빠른 피드백이 가능하며 구조화된 기록이 많은 것이다. 쉽게 배우고 가르치거나 얻을 수 없는 수준의 일이어야 표적이 되지 않는다. 결국 미래사회에서 인공지능에 대체되지 않으려면 누구나 쉽게 도전하는 분야가 아닌, 학습하기 어렵고 습득에 긴 시간이 걸려 공들인 노력과 시간조차도 경쟁력에 포함되는 일을 찾아야 한다. 기계가 할 수 있는 일은 기계에게 맡기고, 더 높은 차원에서 창조적인 일에 집중할 수 있어야 한다. 그 일을 어떻게 하면 잘할 수 있는지에 대해 고민하고 답을 찾으며 일하는 사람들이 바로 아이디어로 사는 골드칼라 노동자이다. 골드칼라 노동자로 살기 위해서는 스스로 책을 읽고, 글을 쓰고, 토론하며 끊임없이 새로운 아이디어를 만들어낼 수 있어야 한다. 이제 더는 필요하지도 않은 지식을 암기하느라 허비할 시간이 없다. 단순 암기라면 검색 몇 번으로 해결되는 구글과 네이버를 넘어설 사람은 어디에도 없을 테니까 말이다.

이지성의 『에이트』에 보면 이런 내용이 나온다.

"2090년의 한국 사회는 인공지능 로봇이 대부분의 직업을 대체한 결과 한국인의 99.997%가 프레카리아트*precariat*가 된다."

2017년 서울대학교 공과대학 유기윤 교수팀이 「미래의 도시에서 시민들이 어떻게 살아갈 것인가?」라는 제목으로 발표했다. 프레카리아트란 '불안정한'이라는 뜻의 이탈리아어 프레카리오*precario*와 '노동 계급'을 뜻하는 독일어 프롤레타리아트*proletariat*의 합성어다. 영국 런던대학교 가이 스탠딩 교수는 프레카리아트가 가진 세 가지 특징을 발표하면서 이 용어를 널리 알렸다.

> 📌 꿈과 열정이 없다.
> 📌 내가 하는 일의 가치를 깨닫지 못한다.
> 📌 먹고사는 문제로 평생 고통받는다.

이 계급의 대표적인 사례는 노숙인, 난민, 불법 외국인 노동자를 말한다. 하지만 앞으로 70년 뒤면 한국인의 99.997%가 난민 수준의 사회적, 경제적 삶을 살게 된다고 "2050 미래사회보고서"에서 유기윤 교수팀은 예측하고 있다.

이런 내용을 보면 우리가 막연히 불안하게 생각하는 미래가 그리 멀지 않았음을 느낄 수 있을 것이다. 지금까지 우리는 사회가 정한 목표에 맞춰 사느라 정작 자신이 삶의 주인이자 기준이라는 사실을 잊어버리고 살아왔다. 스스로가 아닌 다른 무언가에 자신을 맞추느라 늘 분주하고 혼란스럽게 살아온 것이다. 그리고 더 이상 그 방법으로는 일자리를 찾기 어려울 뿐만 아니라 생존 자체까지 위협받는 시대이다.

해법은 내가 어떤 사람으로 살고 싶은지, 어떤 일을 할 때 몰입하게 되는지, 지치지 않을 수 있는지를 아는 것이다.

BIC는 Best In Class 우등생을 의미한다.

지금까지 우리가 알고 있던 우등생이 아닌 우리 스스로가 우등생이 되어가는 과정이 300프로젝트고, 바로 Book-Interview-Column의 약자를 딴 BIC 프로젝트이기도 하다.

인공지능 중심의 미래 사회에서 인류가 당면할 문제를 찾고, 해결 과정을 도출하는 게 교육과정의 핵심이다. 그런 인재의 핵심은 스스로 생각하고 행동하고 답을 찾아가는, 즉 철학하는 능력을 갖추어야 한다는 것이다. 당신이 지금 어떤 모습으로 존재하는지는 중요하지 않다. 어떤 학교를 나왔고, 어떤 과목을 전공했는지, 학점이 몇 점인지도 아무 상관이 없다.

당신의 재능과 성과를 눈으로 확인할 수 있도록 온·오프라인을 통해 지속적으로 보여줄 수 있어야 한다. 하고 싶은 바로 그 분야에서 성장하기까지 필요한 시간을 견디다 보면 어느새 여러 개의 직업을 가지고 활발하게 활동하고 있는 자신과 만나게 될 것이다. 다양한 포트폴리오로 살아가는 당신은 분명 일과 삶의 균형을 스스로 통제하면서 행복한 삶의 형태를 유지할 것이다.

새 시대에는 새로운 패러다임이 존재하고 그 시대의 룰을 만드는 사람이 살아남게 된다. 이제 아주 소수의 고용된 정규직 일자리만을 진정한 일자리로 인식하게 하는 지금의 진로교육 자체를 수정해야 할 때가 왔다. 당신은 새 시대에 살아남는 인재가 될 준비가 되었는가?

300프로젝트가 바로 그 해법이 될 것이다.

300프로젝트, 무엇을 어떻게 하면 되는가?

> 📌 세계 최고의 투자자, 워런 버핏
> 📌 성공학의 대가, 나폴레온 힐
> 📌 경영학의 아버지, 피터 드러커

어쩌면 앞으로 하려는 모든 이야기는 이 세 사람의 인생 이야기에서 시작되었는지 모르겠다. 이들이 자신의 삶에서 성공했다고 보는가? 그렇다면 이제 우리는 제대로 된 이야기를 나눌 준비가 된 셈이다.

🚩 #1. 100권의 책, 세계 최고의 투자가를 만들다

20세기가 낳은 가장 유명한 투자자이며 동시에 자선의 대가, 자신과 점심 한 끼를 같이 할 사람을 매년 경매를 통해 선정하는 사람. 친구 7명을 초대해 함께 할 수 있는 이 기회는 매우 비싼 것으로 알려져 있는데 2020년에는 한화로 거의 50억 원에 낙찰되었다. 이 금액은 전액 자선단체에 기부된다. 밥 한 끼 같이 먹으며 여러 조언을 구하는 것에도 이처럼 어마어마한 돈이 매겨질 정도로 늘 주목받는 사람. 그는 지금도 투자의 전설로 불리는 워런 버핏이다. 그는 어떻게 주식 귀재가 될 수 있었을까? 여러 요인이 있었겠지만 다음은 그중 하나를 짐작할 수 있는 말이다.

"버핏이 고등학교를 졸업하기 전까지 읽은 경제 서적만 100권이 넘을 거예요."

버핏의 고교 단짝 돈 댄리의 말이다. 버핏은 어려서부터 책을 집중적으로 읽었던 것이다. 열세 살이 되자 버핏은 가족과 친구들에게 선언했다.

"서른다섯에는 백만장자가 될 것이다. 그렇지 않으면 오마하의 가장 높은 빌딩에서 뛰어내릴 것이다."

그는 정확히 1961년에 백만장자가 됐다. 목표보다 무려 3년을 앞당긴 서른두 살의 일이었다. 자신의 미래를 이처럼 확실하게 예측할 수 있는 사람이 얼마나 될까? 버핏은 자신의 가능성을 스스로 인정했다. 한 분야의 책을 100권 이상 읽으면 전문 지식이 쌓인다. 이것이 일정 수준을 넘어서면 자신의 미래에 대해 어느 정도 자신감이 생겨난다.

"주식 투자는 어떻게 시작했나?"라는 한 투자자의 질문에 버핏은 "벤저민 그레이엄의 『현명한 투자자』에서 시작했다."며 "벤저민의 조언을 따라 하면 절대로 틀리지 않을 것"이라고 답했다. 버핏은 신혼여행 기간 중에도 『현명한 투자자』를 읽고 또 읽었다. 결혼 후에도 버핏은 하루 종일 서재에 틀어박혀 투자 관련 지식을 얻는 데 몰두했다. 그는 책 한 권과 책을 읽을 수 있는 전구만 있으면 행복해하는 사람이었다. 그의 독서량은 지금도 다른 이들이 혀를 내두를 정도라고 한다. 그러니 지금의 워런 버핏을 만든 건 독서라는 말이 나오는 것도 다 이유가 있는 셈이다. 그가 남긴 말이다.

"많이 읽고, 또 생각하십시오. 살면서 할 수 있는 가장 확실한 투자입니다."

📌 #2. 100명의 인터뷰, 성공학의 대가로 우뚝 서게 하다

여기 한 남자가 있다. 미국 버지니아 주의 작은 마을에서 태어난 그는 이런 저런 직업을 전전했지만 그리 잘나가지 못했다. 공부를 계속하고 싶은 마음에 학비를 벌고자 신문사나 잡지사에 글을 기고하곤 했는데 그것이 인연이 되어 「밥 테일러스 매거진」이라는 잡지의 기자가 된다. 풋내기 기자가 된 그에게 주어진 일은 당시 세계 최고의 갑부인 강철왕 앤드류 카네기를 인터뷰하는 일이었다. 이 인터뷰가 자신의 인생을 완전히 달라지게 만들 거라는 걸 그는 알고 있었을까?

그는 인터뷰의 핵심 질문으로 성공 비결을 물었는데 카네기는 잠시 생각하더니 그에게 하나의 프로젝트를 제안했다. 자신이 적어준 성공한 기업가들의 명단을 가지고 이들을 모두 인터뷰하고 조사하여 그 결과물을 책으로 만들어달라는 것이었다. 그러면서 카네기는 이런 말을 덧붙였다.

"젊은이, 성공에는 어떤 원리가 있다는 것을 나는 믿네. 그 누구라도 믿고 실천하면 그 역시 성공할 수 있는 그런 원리 말이네. 그런데 그런 원리는 성공한 사람들만 알고 있지. 자네가 그걸 찾아올 수 있겠나?"

그는 이 과제를 받아들였다. 그는 자신의 모든 시간과 노력을 쏟아부어 성공한 기업가 507명을 만났다. 그중에는 토마스 에디슨, 헨리 포드, 월터 크라이슬러 등 우리에게 널리 알려진 기업가들도 있다. 무려 20년에 걸친 대장정이었다. 이 대장정이 진행되면서 카네기가 말한 대로 성공의 원리가 보이기 시작했다. 그는 방대한 자료와 더불어 그 원리를 잘 정리하여 책을 출간했다. 이 책이 20세기의 최고의 성공학 책으로 평가받는 『놓치고 싶지 않은 나의 꿈 나의 인생』이고 그는 20세기 가장 위대한 동기부여 전문가라 불리는 나폴레온 힐이다.

이 책이 나온 후 힐은 가장 바쁘고 가장 성공한 사람이 되었다. 카네기가 제안한 프로젝트에 매진하여 '성공학'이라는 새로운 영역을 개척하고 강연과 저술로 이어지는 평생의 노력을 통해 최고의 자리에 올랐다. 그의 이러한 일화가 우리에게 주는 메시지는 무엇일까? 어쩌면 지극히 단순한 다음 한 문장에 들어 있을지 모르겠다.

"성공하고 싶은가? 그렇다면 성공한 사람을 만나라."

#3. 100개의 칼럼, 지식의 최고봉에 이르다

"나는 대학교수 혹은 컨설턴트로 불리고, 때로는 '경영학의 아버지'라고 평가받는다. 하지만 나는 적어도 경영학자는 아니라고 생각한다. 나의 기본은 문필가다."

20세기 말의 경영사상을 대표하는 인물이자, 현대 경영학의 창시자인 피터 드러커가 자신을 두고 한 말이다. 뉴욕대 경영대학원에서 20여 년, 클레어몬트 경영대학원에서 30여 년을 재직하면서 집필 활동을 계속해온 그는 2014년에 이미 35권의 저서와 수천 건의 논문을 남겼다. 드러커에게 누군가가 "박사님의 저서 가운데 어느 것이 대표작입니까?"라고 물었더니 그가 "이 다음에 나올 책"이라고 대답했다는 에피소드는 그의 글을 쓰는 것에 대한 열정을 고스란히 보여준다. 그는 끊임없이 쓰고 또 쓰면서 100개의 칼럼을 넘어 엄청난 다작을 통해 자신의 분야에서 최고가 되었다.

드러커는 『프로페셔널의 조건』에서 이렇게 말했다.

"나는 3~4년 마다 관심 분야 하나를 정하고 공부했다. 그 분야의 지식을 얻기 위해 우선 책을 많이 읽었다. 그리고 많은 이에게 찾아가 어떻게 성공할 수 있었는지 물었다. 그리고 스스로 글을 썼다. 그러자 난 지식을 얻게 되었다."

아이디어로 먹고살아야 하는 골드칼라 노동자이자 지식서비스 분야에서 무소속 프리랜서로 성공하기 위한 출발점은 드러커의 이 한마디에 담겨 있다. 그는 자신의 현재에 안주하지 않고 늘 새로운 도전 과제를 정하고 진정한 의미의 배움을 실천했다. 그리하여 그가 정의한 대로 지식경제를 살아가는 가장 이상적인 지식경영자의 모습을 보여주었다.

드러커는 "현재의 일만이 자신이 가진 전부라면 결국 문제에 직면할 것"이라는 말과 함께 "좀 더 젊었을 때 경쟁 없는 삶과 커뮤니티, 진지한 취미생활, 제2의 동력 등을 찾아봐야 한다."고 조언했다. 지금 우리가 사는 사회가 그렇듯이, 급변하는 시대에 현재의 일에 만족하고 그 자리에 머물러 있는 것은 결국 낮은 계층으로 내몰리는 결과를 낳는다는 것을 정확히 예측한 것이다. 이를 피하려면 책을 많이 읽고, 조언을 많이 구해야 한다. 하지만 여기서 멈추면 안 된다. 자신의 글을 써야 비로소 완성된다. 그의 이야기 중에 다음 한 문장이 유독 도드라져 보이는 건 그 때문이다.

"스스로 글을 썼다. 그러자 난 지식을 얻게 되었다."

⚑ 300프로젝트란?

세상의 모든 성공한 사람에게는 자신만의 성공 비결이 있다. 그렇지만 그들의 성공에는 몇 가지 공통분모가 존재한다. 그들은 모두 밥 먹는 것보다 책 읽기를 좋아했고, 다른 사람의 이야기를 경청하며 배울 점을 찾았고, 자신만의 글을 쓰기 위한 노력을 아끼지 않았다. 그럼으로써 그들은 전문가의 자리에 오를 수 있었고, 자신이 원하는 모습으로 살 수 있게 되었다. 300프로젝트는 이들의 삶을 모델 삼아 자신이 원하는 대로 살고 싶어 하는 사람들을 위해 만들어졌다. 구체적으로는 다음과 같다.

300 PROJECT

취업과 창업 그리고 크리에이터를 준비하는 사람
자신만의 전문적인 분야를 만들고 싶은 사람
체계적인 온라인 포트폴리오를 만들고 싶은 사람
자신의 재능과 정체성을 찾고자 하는 사람
지속적으로 전문가적인 안목을 키우고 싶은 사람
자신의 퍼스널 브랜딩을 위해 뭐라도 해야 하는 사람

10대들은 이렇게 묻는다. "대학을 가야 할지 직업을 가져야 할지 모르겠어요. 돈을 많이 벌고 싶은데 뭘 해야 할까요?", "하고 싶은 게(Want) 있는데 우선 공부부터 해야 한다(Should)는 어른들의 말을 들어야 할까요?" 그리고 나면 20대들은 이렇게 묻는다. "유학을 가야 할지 대학원을 가야 할지 모르겠어요. 취업하려고 원서를 넣어도 서류 통과도 힘들어요. 뻔한 스펙이 도움이 되긴 될까요?", "전공과는 다른 길을 가고 싶어요. 하고 싶은 것을 하라는데 정말 하고 싶은 게 뭔지 모르겠어요." 그리고 20대가 지난 사람들은 또 묻는다. "이대로 회사에서 잘리지 않고 잘 다닐 수 있을까요? 지금이라도 다른 길을 가고 싶은데 어디로 가야 할지 모르겠어요.", "퍼스널 브랜딩을 하고 싶은데 뭐부터 해야 할지 모르겠어요." 이 모든 이들에게 300프로젝트를 제안한다. 300프로젝트는 새로워진 세상에서 성공적인 삶을 살기 위한 가장 심플한 전략이다.

100권의 책　　100명의 인터뷰　　100개의 칼럼

　　너무나 단순해서 무식하기까지 한 도전이다. 그렇지만 이런 단순 무식한 도전이 삶을 근본적으로 바꾼다. 세상에 이름을 남긴 사람의 대부분은 300프로젝트란 이름을 몰랐을 뿐이지 이와 동일한 훈련기간을 거쳤다.

　　300이라는 숫자가 너무 거대해 보일 수도 있다. 이 프로젝트에 도전하는 사람은 본질적으로 나와는 다른 사람이라고 쉽게 포기할지도 모른다. 그렇지만 이 프로젝트를 시작한 사람 대부분은 300프로젝트를 끝내기도 전에 자신의 길을 찾았고, 이전과 다른 하루가 펼쳐지기 시작했다. 그들은 모두 입을 모아 말한다. "나의 인생은 300프로젝트를 만나기 전과 후로 나뉜다."고.

청소년을 위한
300 PROJECT

그렇다면 청소년을 위한 300프로젝트는 어떻게 하면 좋을까? 학년마다 도전하는 30프로젝트(10-10-10), 진로 탐색을 위한 333프로젝트(3-3-3), 특별활동으로 진행하는 555프로젝트(5-5-5) 등 형식과 형태는 얼마든지 변형이 가능하다. 도전 가능한 목표를 설정하고 목표달성을 한 학생들에게 시상과 칭찬으로 격려를 아끼지 않고, 학생 스스로 자신의 생각과 경험을 주도적으로 기록할 수 있는 습관을 만들어주기만 해도 이미 반은 성공한 것이다. 정답이 없는 세상에서 스스로 해답을 찾아가는 지도와 나침반을 학생들 손에 직접 쥐어준 것만으로도 이미 청소년을 위한 300프로젝트는 그 역할을 다한 셈이다.

이제 300프로젝트는 개인을 넘어 학교를 바꾸고, 기업의 인재 기준을 바꾸고, 군대를 바꾸고, 사회를 바꾸려 하고 있다. 지금 대체 어디로 향하고 있는지 모르겠는가? 달라지고 싶은데 무엇을 해야 할지 모르겠는가? 당신이 어떤 고등학교, 대학교를 나왔든, 어떤 직업을 가졌든 당신의 남은 인생을 뒤바꿀 프로젝트를 시작해보라. 300프로젝트가 당신을 도와줄 길라잡이가 될 것이다.

청소년을 위한 300프로젝트

1장.
300프로젝트, 내 삶이 바뀐다

STORY 01

자신의 강점을 확실히 아는 사람

— 스타트업 HR·조직문화 선도자 장근우 —

300프로젝트를 시작한 이후,
잘하는 걸 쓰라고 하면
스무 가지는 거뜬히 쓸 수
있게 되었어요.

📓 자기소개 부탁드립니다.

중·고등학생 온라인 영어 과외 기업에서 조직문화를 담당하고 있습니다. 조직문화(또는 직원경험employee experience)가 조금은 생소하실 텐데요. 회사 곳곳에 숨은 좋은 문화를 찾아서 우리 회사만의 콘텐츠나 프로그램, 제도, 정책으로 만드는 일을 주로 하고 있어요. 결국 좋은 조직문화를 직원들에게, 그리고 회사 바깥의 지원자나 고객에게 소개하려면 글이나 사진, 이미지, 영상 등 콘텐츠의 형태로 전달할 수 있어야 하죠. 저는 2014년에 300프로젝트에 참여한 덕분에 저 자신과 제가 하고 있는 일을 콘텐츠로 만들고 전할 방법을 배울 수 있었어요.

📓 300프로젝트를 시작하게 된 계기는 무엇인가요?

2014년 여름방학에 취업을 앞두고 우연히 '퍼스널 브랜드'를 검색하게 되었어요. 그리고 조연심 작가님이 『퍼스널 브랜드로 승부하라』라는 책을 쓴 것도 알게 되었는데요. 당시 조연심 작가님은 300프로젝트를 각 대학에서 론칭하기 위한 준비를 하고 계셨는데, 제가 친구 둘과 함께 대표님을 찾아가 우리 학교에서도 300프로젝트를 할 수 있게 해달라고 요청을 했어요. 참 어려운 부탁이었는데도 불구하고 대표님은 우리 학교에서 두 달이 넘는 시간 동안 30여 명의 학생들이 프로젝트를 무사히 마칠 수 있도록 도와주셨어요. 물론 학생들에게도 보통 쉬운 일은 아니었습니다. 그 당시엔 30프로젝트로 진행했는데 10권의 책을 리뷰하고, 10명을 인터뷰하고, 10개의 칼럼을 쓰는 게 태어나서 처음 해보는 일이라 종종 '그만 둘까' 하는 생각이 들기도 했죠.

▶️ 300프로젝트를 하면서 좋았던 점과 힘들었던 점은 무엇인가요?

이 프로젝트를 시작하기 직전, 대표님이 종이 한 장을 주시면서 저의 강점 열 가지를 써보라고 했어요. 그날 꾸역꾸역 네 가지 정도를 힘들게 써 내려가며 마음이 씁쓸했던 기억이 선명합니다. 대표님은 "그래서 잘하는 걸 찾을 때까지 여러 경험을 해봐야 하는 거고, 300프로젝트가 여러 경험을 할 수 있는 가장 확실한 방법"이라는 말씀을 해주셨어요. "본 것, 경험한 것, 생각한 것, 배운 것, 느낀 것들을 그대로 기억 속에 가두지 말고, 모두가 볼 수 있는 온라인에 기록했을 때 잘하는 것도 찾을 수 있고, 누군가 그 과정을 지켜보고 저를 기억해줄 것"이라고 하시면서요. 30프로젝트를 하며 블로그에 글을 쓰는 것도 힘들었지만, 그보다 더 힘들었던 건 글을 써도 별로 나아지는 게 없는 것 같은 느낌이었어요. 지금 되돌아보면 그때 포기하지 않고 끝까지 해낸 게 20대에 가장 잘한 딴짓이 아니었나 싶습니다. 시간이 흘러 다시 되짚어 보니 300프로젝트 덕분에 결국 지금은 HR과 조직문화 분야에서 확실한 노하우도 찾게 되었으니, 딴짓이 아니라 '필수코스'라고 말해야겠네요. 지금은 잘하는 걸 쓰라고 하면 열 개는 물론이고 스무 가지도 거뜬히 쓸 수 있어요.

🚩 **300프로젝트가 본인의 진로에 어떤 도움을 주었나요?**

300프로젝트를 하면서 '일하는 방법'을 찾게 되었어요. 예쁘게 꾸미고, 이야기를 지어내는 게 아니라, 소소한 사건이어도 온라인에 기록하면 누군가는 나의 과정을 기억한다는 원리는 앞으로 절대 변하지 않을 거라고 생각해요. 저는 저의 이야기를 더 생동감 있게 전하고 싶은 마음에 네이버 포스트에서 그날 있었던 이야기들을 연재했고, 그런 제 이야기를 보고 네이버 20PICK 팀에서 연락을 주셔서 회사 주제군 메인 에디터로도 활동할 수 있었습니다. '일이든 사람이든 기회를 찾으려면 콘텐츠를 생산해야 하는구나'를 느낀 뒤부터는 가는 회사마다 줄곧 회사의 이야기를 콘텐츠로 만드는 일을 했어요. 회사의 성장 과정을 기록하는 건 회사의 포트폴리오이기도 했지만, 저의 포트폴리오가 되기도 했거든요. 그렇게 저의 성장과정을 기록하면서 주목받는 콘텐츠를 만드는 방법을 소개하는 『콘텐츠의 정석』이라는 책도 출간할 수 있었답니다. 지금은 앞에서 설명했듯이 회사의 조직문화를 콘텐츠로 만드는 일을 하고 있는데, 이 두 분야를 한꺼번에 할 수 있는 사람은 거의 없습니다. 대부분 조직문화 담당자가 기획하고, 콘텐츠 제작자에게 맡기거나 요청하거든요.

📢 **청소년들에게 300프로젝트를 추천하는 이유는 무엇인가요?**

'기록된 과거만 기억된다.'

저의 경험은 하나의 사례일 뿐이지만, 기록이 기억보다 뛰어나다는 건 변하지 않을 원리입니다. 후손들은 조선왕조실록에 기록된 역사만 기억하고 있잖아요. 학생 여러분의 과정을 온라인에 기록해 역사로 만들어보세요. 그리고 그 과정을 한 번도 만나보지 않은 누군가가 기억할 수 있게 꾸준히 기록하시길 권합니다. '꾸준함'은 자격증도, 성적도, 어학 실력도 증명하지 못합니다. 온라인 기록이 유일한 방법이죠. 당신의 이야기를 검색이 되는 콘텐츠로 만들고, 꾸준한 사람으로 기억될 수 있게 자주 기록하세요. 중간중간 힘들 수도 있지만, 시간이 지나면 분명 잘하는 걸 찾을 수 있을 뿐만 아니라 10년 뒤 당신이 할 수 있는 일이 무궁무진해질 겁니다.

STORY 02

블로그, 진정성 어필하는 가장 훌륭한 포트폴리오

글로벌 IT 기업의 IT 서비스 기획자 허옥엽

제 노력의 흔적들이
고스란히 디지털 자산으로
넘는다는 점이 좋았어요!

🚩 자기소개 부탁드립니다.

• 안녕하세요. 300프로젝트 참가자 허옥엽입니다. 현재는 IT 회사에서 AI 서비스 기획 업무를 하고 있어요. 평소 대부분의 시간을 IT 서비스 기획자라는 '본캐 본래의 캐릭터'로 보내고 있지만, 블로거, 디자이너, 전자책 작가 등 다양한 '부캐 부 캐릭터'로도 활동하고 있습니다.

🚩 300프로젝트를 시작하게 된 계기는 무엇인가요?

• 대학생 때 우연히 조연심 작가님의 강연을 듣게 되었어요. 그때 들었던 강연 내용 중 아직도 기억나는 키워드가 바로 '적자생존'인데요. 요즘 같은 디지털 시대에는 '오로지 적는 자만이 살아남는다!'라는 뜻이에요. 조연심 작가님의 강연을 듣고 '기록'의 강력한 힘에 대해 깨닫게 되었고 무엇이든 꾸준히 기록해보자는 마음가짐으로 300프로젝트를 시작했습니다. 어떤 것부터 기록해야 할까 막막하던 찰나에 100권의 북리뷰, 100명의 인터뷰, 100개의 칼럼이라는 주제가 굉장히 매력적으로 느껴져서 바로 시작했어요.

🚩 **300프로젝트를 하면서 좋았던 점과 힘들었던 점은 무엇인가요?**

• 저는 300프로젝트를 진행하면서 만났던 분들과의 인터뷰, 독서 기록, 칼럼 등을 모두 제 개인 블로그에다가 기록을 해두었는데요. 카테고리마다 하나씩 차곡차곡 쌓이는 포스팅을 볼 때마다 그렇게 뿌듯할 수가 없더라고요. 포스팅이 하나둘 쌓이고 블로그 방문자가 점점 증가하면서 더 동기부여가 되었던 것 같아요. 그리고 제 노력의 흔적들이 고스란히 디지털 자산으로 남는다는 점도 좋았어요. 힘들었던 점을 꼽자면 프로젝트 초기에 '과연 내가 100명의 사람을 만나고, 100권의 책을 읽고, 100개의 칼럼을 쓸 수 있을까?' 하면서 숫자에 집착하고 걱정했던 기억이 나네요. 언제 목표에 도달할 수 있을지 막연하게만 느껴졌었는데 나중에 보니 숫자에 연연하지 않고 과정 그 자체를 즐기고 있는 제 모습을 발견하게 되었어요. 프로젝트 초기에 제가 그랬던 것처럼 '반드시 숫자를 모두 채워야지.'라는 강박관념에서 벗어나셔도 좋을 것 같아요!

🚩 **300프로젝트가 본인의 진로에 어떤 도움을 주었나요?**

• 300프로젝트를 통해 다양한 분들을 만나고, 여러 분야의 책을 읽고, 이러한 경험을 글로 남기면서 이 모든 과정 자체가 저만의 포트폴리오가 되었어요. 어떤 일을 하는 사람을 만났을 때 더 재미있게 이야기할 수 있는지, 어떤 책을 읽을 때 더 공부하고 싶어지는지 찾아보면서 실제로 'IT' 분야와 '서비스 기획'이라는 업무에 제가 흥미를 느끼고 관심이 많다는

것을 깨달았습니다. 그래서 서비스 기획 업무를 하는 사람의 강연을 찾아 듣고, IT 관련 도서를 찾아 스터디하고, 배운 내용을 직접 블로그에 정리하면서 내가 이 분야에 대해 이만큼 관심이 있고 이런 것까지 스스로 공부해봤다는 것을 진정성 있게 어필하는 훌륭한 도구를 만들 수 있었답니다.

🚩 **청소년들에게 300프로젝트를 추천하는 이유는 무엇인가요?**

'내가 무엇을 좋아하는지 모르겠다.'고 답답한 마음을 느끼는 친구들을 많이 봤어요. 물론 자신이 무엇을 잘하고 좋아하는지 단번에 알 수 있다면 가장 좋겠지만 사실 이런 사람은 굉장히 소수인 것 같아요. 내가 어떤 것을 할 때 가장 즐겁고 행복한지 아직 발견하지 못했다면 300프로젝트를 '나에 대해 좀 더 알아가기 위한 방법'으로 사용해보는 것은 어떨까요? 저 사람이 하는 일은 어떤 일일까 궁금하다면 당장 인터뷰를 요청해보고, 저 분야에서 필요한 역량은 무엇일까 궁금하다면 도서관에 달려가서 책을 빌려도 보는 거죠. 이렇게 공부한 내용을 나만의 인사이트를 더해 기록하다 보면 자연스럽게 내가 어떤 것을 좋아하고 무엇을 할 때 가장 몰입하는지 알 수 있는 실마리가 되리라 생각합니다.

STORY 03

내가 몰랐던 세계, 넓어진 시야

유튜브·블로그·SNS 컨설팅&프로덕션
코힛코컴퍼니 부대표 배우미

300프로젝트를 하다 보니
제가 아는 세상만이
전부가 아니라는 것을 느꼈어요.
진로를 바꾸는
계기가 되었죠.

자기소개 부탁드립니다.

안녕하세요. 300프로젝트 도전자로 블로그를 시작해 현재는 9년 차 블로거이자 유튜브·블로그·SNS컨설팅 및 영상제작 전문 기업 코힛코컴 퍼니의 부대표 배우미입니다.

300프로젝트를 시작하게 된 계기는 무엇인가요?

대학교 때 롤 모델 언니의 SNS를 보던 중, 이런 글이 올라왔어요. 『300프로젝트』 저자 특강이 있는데 본인은 일 때문에 못 가니 이 글을 보면 꼭 가보라는 글이었죠. 롤 모델 언니가 가보라는 곳이니 묻지도 따지지도 않고 친구와 함께 갔는데 정말 새로운 세상이 열린 것 같았어요. 그동안 내가 모르던 세상을 만나게 된 느낌이랄까요? 교보문고에서 진행된 특강이었는데 저자분께서 몇 분 안에 자기 주변에 있는 빨간색을 모두 찾으면 선물을 주신다고 해서 제가 제일 먼저 손을 들고 발표를 했어요. 그때 조연심 작가님의 명함을 받고 집에 가서 바로 블로그를 개설한 후 300프로젝트 엠블럼을 신청했습니다. 그게 시작이었어요.

🚩 300프로젝트를 하면서 좋았던 점과 힘들었던 점은 무엇인가요?

좋았던 점은 300프로젝트로 알게 된 분들과 너무 좋은 인연이 되었다는 거예요. 프로젝트라는 공통 관심사로 시작된 인연이 직장 선후배 사이가 되기도 하고, 함께 다른 프로젝트를 기획해서 직접 실행해보는 비즈니스 파트너가 되기도 했어요. 그리고 현재는 300프로젝트 인터뷰를 통해 감사하게도 미래의 배우자를 만나게 되었답니다! 힘들었던 점은 인터뷰 대상자를 찾는 거였어요. 어떤 사람을 어떻게 만나야 하나 싶었는데, 우선 내 주변 사람들부터 인터뷰해보자는 생각이 들었어요. 가장 처음 인터뷰 한 사람은 중학교 때 친구였어요. 그때 인터뷰를 하면서 그 친구에 대해 더 깊이 알게 되었고 앞으로의 미래가 기다려지는 멋진 친구를 또 한 명 알게 된 기분이었습니다. 그렇게 주변 사람들을 하나둘 인터뷰 하면서 나중에는 모르는 사람에게 먼저 인터뷰 요청도 하고 만나서 친한 친구, 동생, 선배로 관계가 이어졌어요. 300프로젝트를 하면서 좀 더 활동적이고 사람 만나는 걸 좋아하게 된 것 같아요.

🚩 300프로젝트가 본인의 진로에 어떤 도움을 주었나요?

우선 저와 완전히 다른 분야의 사람들을 만나며 세상을 바라보는 시야가 넓어졌어요. 저는 원래 초등학교 때부터 자원봉사 활동을 꾸준히 해오면서 대학도 사회복지학과로 진학한 케이스예요. 그런데 300프로젝트를 통해 책을 읽고, 사람을 만나고, 나의 생각을 블로그에 기록하다 보니 내가 아는 세상만이 전부가 아니라는 걸 느꼈고, 중간에 광고대행사에 취업해 마케팅으로 진로를 바꾸었어요. 마케팅 회사에서 배운 경험을 통해 현재 회사 내부 마케팅 및 운영총괄 업무를 맡아 진행 중입니다. 결론적으로 '진짜 내 일'을 하게 된 것에 너무 감사해요. 조금 벌든 많이 벌든 아침에 회사 가야 한다는 스트레스가 전혀 없거든요. 오히려 즐거워요.

🚩 청소년들에게 300프로젝트를 추천하는 이유는 무엇인가요?

제가 중·고등학교 때 300프로젝트를 알았더라면 제 삶은 더 빨리 변했을 거예요. 물론 중1 때 읽은 한 권의 책으로 삶이 조금씩 변화하고 성장했지만 더 빠르게 동기부여가 되었을 수도 있겠다는 생각이 듭니다. 대학생 때 300프로젝트를 알게 돼서 주변 친구들에게도 정말 많이 추천했어요. 어떤 친구는 제게 '너 사이비 종교 들어간 사람 같다.'며 300프로젝트 맹신자라고 말하기도 했죠. (웃음) 제 동생이 2명인데 막냇동생이 대학생이에요. 동생에게도 추천할 정도로 300프로젝트는 제 인생의 터닝포인트였습니다. 대학생 때 제 꿈 리스트에 '300프로젝트 홍보대사 되기'라는 내용을 적었는데, 서른이 되기 전에 그 꿈이 이루어진 것 같아서 기쁘네요.

STORY 04

내 인생 최고의 공부, 300프로젝트

— 퍼스널 브랜딩 그룹 엠유 디자인 팀장 최유정 —

무수히 많은 영화를 보는 사람이
결국 '인생 영화'를 딴나듯,
300프로젝트를 하다 보니
제 인생에도 꿈이 생겼어요.

⚑ 자기소개 부탁드립니다.

안녕하세요. 300프로젝트 참가자이자 퍼스널 브랜딩 그룹 엠유에서 디자인·홍보를 담당하고 있는 브랜드컨셉디자이너 최유정입니다. 저는 브랜드 경험이 온·오프라인에 일관성 있게 전달되도록 최적화된 이미지를 디자인함으로써 비즈니스 영향력이 극대화되게 돕는 역할을 합니다. 7년 차 디자이너지만 디자인을 전공하진 않았어요. 대학 시절, 적성이 아닌 성적으로 갔던 대학교에 흥미가 없어져 부모님과 상의 없이 반수를 준비했어요. 그러다 학사경고 우편이 집으로 발송되는 바람에 결국 들키게 되었죠. 그 당시 분노에 찬 어머니로부터 "학교 공부 대신 인생 공부부터 해라."라는 말을 듣고 제 인생이 바뀌었습니다.

처음엔 무작정 퍼스널 브랜딩 회사의 인턴으로서 다양한 분야의 일들을 경험했어요. 그러다 디자인을 잘하고 싶다는 욕심이 생겨 주말마다 디자인 수업을 들으러 다녔죠. 포토샵, 일러스트레이터, 프리미어, 애프터 이펙트 등 다양한 프로그램 활용법을 배웠고 어느새 웹 디자인, 편집 디자인, 브랜드 디자인, 모션그래픽 등 여러 가지 분야를 작업할 수 있게 됐어요. 그렇게 쌓은 지식을 실무에서 바로 적용할 수 있는 환경이 만들어지다 보니 디자인이라는 분야에 푹 빠져 회사에서 본격적으로 디자인 담당을 맡게 되었어요. 지금은 외주 작업을 병행하며 회사 월급 외의 부수적인 수익을 벌기도 합니다.

🚩 300프로젝트를 시작하게 된 계기는 무엇인가요?

· 회사에서 300프로젝트 카페의 매니저 역할을 맡게 되면서 참가자들의 엠블럼 발급과 참여 독려를 하게 되었어요. 카페에 올라오는 참가자들의 책 리뷰, 인터뷰, 칼럼들을 보면서 정말 다양한 분야의 사람들이 물질적인 보상도 없는 이 프로젝트를 열심히 하는 모습이 처음엔 나와는 다른 세계에 사는 사람들처럼 느껴졌어요. 그렇게 300프로젝트 참가자가 아닌 매니저로서 '300프로젝트를 해야만 하는 이유', '책 리뷰, 인터뷰, 칼럼 쉽게 쓰는 법', '300프로젝트를 통해 인생이 바뀐 사람들' 등의 독려 콘텐츠를 만들면서 서서히 300프로젝트에 스며들게 되었죠. 언젠가부터 자연스럽게 300프로젝트는 당연히 해야 하는 일이 되었고 제 목표는 300프로젝트를 완주하는 것이 되었습니다. 2014년, 발대식 후 현재까지 300프로젝트를 끝까지 완주한 사람이 없다는 사실 알고 계시나요? 300프로젝트를 하던 중에 이미 꿈을 이루었거나 원하는 바를 달성했기 때문이라고 해요. 아직도 저는 100-100-100 완주 목표를 이루기 위해 도전 중입니다.

🚩 300프로젝트를 하면서 좋았던 점과 힘들었던 점은 무엇인가요?

· 300프로젝트를 함께 하는 사람들과의 소속감이 좋았어요. 대학교를 일찍 자퇴해서 사회에서 만난 또래 친구가 없었거든요. 300프로젝트 커뮤니티를 통해 또래 대학생들과 독서모임을 하고, 공동인터뷰도 하고, 대통령직속 청년위원회가 주최한 <창의인재 더청춘> 멘토링 프로그램 활동

과 편집위원으로서 책자를 발간하기도 하면서 이 프로젝트를 나와 함께 하는 사람들이 있다는 걸 언제나 느낄 수 있었습니다.

🚩 300프로젝트가 본인의 진로에 어떤 도움을 주었나요?

제 관심 분야를 찾는 데 큰 도움을 주었어요. 전공이 나와 맞지 않는다는 걸 느낀 후 내 적성에 맞는 길은 무엇일까 항상 고민이 많았는데 말 그대로 생각만 했던 것 같아요. 300프로젝트를 시작한 후엔 일단 블로그에 뭐든 써야 하니 책을 고를 때도, 인터뷰이를 섭외할 때도, 칼럼 주제를 선정할 때도 내 기호에 맞게 우선순위를 정하게 되었죠. 그러면서 내가 좋아하는 것과 싫어하는 것, 더 배우고 싶은 것 등 나에 대해 더 자세히 알게 되었습니다.

🚩 청소년들에게 300프로젝트를 추천하는 이유는 무엇인가요?

제가 그랬듯이 청소년 때는 자신이 무엇을 좋아하고 잘하는지 모를 것이라고 생각해요. 그래서 더 300프로젝트를 추천합니다. 무수히 많은 영화를 관람한 사람에게 '인생 영화'가 꼽히는 것처럼 100권의 책을 읽다 보면, 100명의 사람을 만나다 보면, 100개의 칼럼을 쓰다 보면 내가 가장 좋아하는 분야를 알 수 있을 거예요. 좋아하는 분야를 찾았다면 다시 꿈을 꾸게 될 거고요.

STORY 05

'군대 내 사고 제로',
300프로젝트로 일군 조용한 군대 문화 혁명

— ROTC 장교 출신 글로벌 네트워크 사업가 마민하 —

아무리 힘든 상황에
처한 사람이라도,
꿈을 꾸면 달라집니다.
제가 직접 경험해봤죠.

🚩 자기소개 부탁드립니다.

안녕하세요. 글로벌 네트워크 사업가 마민하입니다. 군대 전역 후 사업을 시작하여 현재 80명의 사장님들과 팀을 이뤄 비즈니스를 이끌고 있습니다. 연 매출 30억 정도의 규모로 지속적으로 성장하고 있습니다.

🚩 300프로젝트를 시작하게 된 계기는 무엇인가요?

저는 ROTC 장교로 군 복무를 했습니다. 군대에 들어간 모든 이들이 하는 고민이 있죠.

하나, '어떻게 버티지?'

둘, '나가서 뭐 하지?'

셋, '무엇을 준비해야 하지?'

당시 중위였던 저는 부하 장병들이 군 복무 기간을 아무 의미 없이 허비하는 것이 안타까웠습니다. 군 생활을 자기계발의 기회로 삼으면 좋겠다고 생각한 저는 상관에게 허락을 받아 '비전모임'이라는 정기 모임을 열었습니다. 군대를 나의 꿈을 찾고, 나 자신을 발견하는 곳으로 만들기 위해 하고 싶은 일, 갖고 싶은 것, 되고 싶은 것, 나누고 싶은 것과 같은 드림 리스트를 적고 군 생활 목표에 대해 기록하게 했습니다. 처음에는 관심사병_{군 생활 적응도가 낮고 그만큼 사고위험이 가장 높은 병사}의 수를 줄일 수만 있어도 성공이라고 생각했는데 참가하는 부하들의 열기를 보고 성공할 수 있겠다는 확신이 들었습니다.

그러던 중 우연히 300프로젝트를 알게 되었습니다. 놀랍게도 제가 하고 있던 비전 모임과 방향, 가치가 정확히 일치하였고, 방식은 더 쉽고 명쾌했습니다. 300프로젝트를 부대 내에 도입하고 타 부대에도 전파해야겠다고 다짐했습니다. 그리고 2013년 고려대학교에서 300프로젝트 소모임 '유니브유닛' 발대식에 참여해서 이렇게 자기소개를 했습니다.

"대한민국 최고 대학은 군대입니다. 300프로젝트를 전 군대에 알려 조용한 군대 문화 혁명을 일으키고 싶습니다."

🚩 군대에서 300프로젝트의 효과는 어땠나요?

군대에서 300프로젝트가 만들어낸 성과는 정말 놀라웠습니다. 책을 읽고, 토론하고, 영상으로 강연을 듣고, 휴가 기간에 만나고 싶던 분들의 강연을 듣거나 직접 찾아가 인터뷰를 진행하고, 그것들을 함께 나누는 과정에서 부대원들이 하나둘 변하기 시작했습니다. 자살을 기도한 부대원은 꿈을 꾸었고, 목적 없이 살던 부대원이 진로에 대해 고민을 털어놓기도 했습니다. 아무리 힘든 상황에 처해 있는 사람이라도 꿈을 꾸기 시작하면 달라집니다. 제가 소속된 부대는 관심사병이 적지 않은 부대였지만 300프로젝트 도입 후 '사고 제로'라는 놀라운 성과를 만들어냈습니다. 그로 인해 300프로젝트가 타 부대로 소개·도입되기도 했죠.

지금도 기억나는 것은 저희가 노력했던 과정과 성과를 담은 영상을 인터넷에 공개했는데 가수 인순이씨가 감동하여 저희 부대에 직접 위로와 격려차 방문을 해주셨던 순간입니다. '똘끼 있는 청춘'의 준말인 <똘춘쇼>는 그렇게 만들어졌습니다. 가수 인순이 선생님과 조연심 작가님이 공동 MC로 출연하시고, 공연 및 특강과 토크쇼를 진행해주셔서 많은 사병들과 진솔한 소통의 시간을 갖기도 했습니다.

"나는 나의 날개로 날고 싶다!"

<똘춘쇼>의 슬로건처럼 이 강연 이후 부대 내 간부로부터 기분 좋은 소식을 전해 들을 수 있었습니다.

"어제 강연이 끝난 후 부대 A급 관심사병과 면담했는데 감동하였고 꿈과 희망이 생겼다고 합니다. 지금까지 한 면담 중에 가장 긍정적이었습니다. 다시 한번 인순이, 조연심 선생님께 감사드린다고 전해주세요."

저는 300프로젝트가 아직도 '최고의 대학, 군대' 프로젝트가 될 수 있다고 생각합니다.

🚩 300프로젝트를 하면서 좋았던 점과 힘들었던 점은 무엇인가요?

책과 칼럼도 정말 도움이 되었지만, 100명을 인터뷰하겠다는 목표로 내가 궁금하고 관심 있는 분야의 전문가들을 찾아서 연락하고 만나고, 인터뷰를 요청하는 과정이 큰 도움이 되었습니다. 한 분도 거절하지 않고 만나 주셨죠. 인생의 앞길을 계획하는 과정에서 먼저 그 길을 간 분들의 이야기를 직접 들을 수 있다는 것만으로도 저의 미래를 그리는 데 많은 도움이 되었습니다. 힘들었던 점은 안 해본 일을 시도하는 과정이었던 것 같아요. 그래도 좋았던 점들이 더 많았기 때문에 가치가 컸던 것 같습니다.

🚩 **300프로젝트가 본인의 진로에 어떤 도움을 주었나요?**

성공하고 싶어서 성공한 사람들을 찾아 인터뷰하고, 성공한 사람들의 책을 읽고, 내 생각으로 정리하는 과정에서 제가 진정으로 원하는 것이 무엇인지 알게 되었습니다. '직업보다 중요한 것이 무엇인가, 내가 진정 원하는 삶이 어떤 삶인가, 어떻게 살고 싶은가.'에 대한 답을 찾을 수 있었던 귀한 시간이었습니다.

🚩 **청소년들에게 300프로젝트를 추천하는 이유는 무엇인가요?**

4차 산업혁명으로 인해 급변하는 사회의 모습, 바뀌는 직업군 등으로 많은 청소년들이 앞으로의 진로를 고민하고 있을 거라고 생각합니다. 그 길에서 300프로젝트는 먼저 가본 사람들의 조언을 듣고, 나의 생각을 정리하고, 꿈의 크기를 키울 좋은 기회라는 생각이 듭니다. 시대가 바뀌어도 사람을 대하는 태도는 항상 중요한데, 특히 인터뷰 과정에서 많은 것을 배울 수 있습니다. 책과 칼럼을 통해 내 생각을 정리하고 이야기하는 능력 또한 매우 중요한 대인관계 능력이라고 생각합니다. 그런 점에 있어 300 프로젝트는 학교에서 하는 공부보다 더욱 실질적인 삶의 교육이라고 생각해요. 꼭 도전하세요!

STORY 06

꾸준한 기록으로 '검색 가능한' 사람이 되기까지

청소년 지도사 외 N잡 활동 중인 꿈쌤 백수연

남들과 똑같이
입시나 취업용 스펙을 쌓기보다는
나의 성장이 담긴
진정성 있는 포트폴리오를
만들어 가는 것이 필요하죠.

⚑ 자기소개 부탁드립니다.

안녕하세요. 청소년들의 꿈을 반짝반짝 빛나게 도와주는 꿈쌤 백수연입니다. 저는 두 딸의 엄마이자 청소년 지도사, 강사, 작가, 진행자, 교수, 인터뷰어, 블로거, 유튜버 등 다양한 직업을 통해 삶을 즐기는 N잡러 본업 외에도 개인의 자아실현을 위해 여러 개의 직업을 가진 사람 로 살아가고 있습니다. 저의 본업은 현장에서 청소년들의 성장과 행복을 위한 다양한 프로그램을 기획하고 운영하는 일이에요. 일과 육아를 병행하면서 틈틈이 전국으로 청소년과 청소년 지도사분들을 대상으로 강연을 다니고, 『괜찮아, 꿈이 있으면 길을 잃지 않아』, 『괜찮아, 내 인생의 주인공은 나니까』, 『My Dream Diary BOOK』, 『10대를 위한 사회참여 이야기』 등 5권의 책을 쓴 작가로도 활동하고 있습니다.

⚑ 300프로젝트를 시작하게 된 계기는 무엇인가요?

2015년 여름, 조연심 작가님의 『300프로젝트』라는 책을 우연히 읽게 되었습니다. 마침 블로그를 시작한 지 몇 달 되지 않았을 때였는데, 이 책을 만난 건 행운이라고 생각해요. "기록하면 기억되는 삶으로 바뀐다."라는 강력한 메시지를 남겨주었거든요. 기록의 중요성을 다시 한번 깨닫고 그해 여름 바로 300프로젝트 카페에 가입했어요. 300프로젝트 엠블럼을 받고 그때부터 제가 읽은 책을 꾸준히 블로그에 기록하고, 제 책 속에 담을 청소년들을 인터뷰하기 시작했어요. 또한 저의 일상과 생각을 칼럼으로 써나가면서 본격적으로 300프로젝트를 시작하게 되었습니다.

🚩 **300프로젝트를 하면서 좋았던 점과 힘들었던 점은 무엇인가요?**

우선 힘들었던 점은 100권의 책, 100명의 사람, 100개의 칼럼이라는 과제를 '내가 과연 꾸준히 해낼 수 있을까?'라는 부담감이었어요. 특히 인터뷰를 하는 것이 어렵게 느껴졌어요. 평소에 책을 읽고, 글은 쓰고 있었는데 인터뷰를 공식적으로 해보지는 않았던 터라 누군가에게 인터뷰 요청을 하는 것이 조심스럽고 망설여졌거든요. 그래서 제가 만나는 청소년들부터 시작해보자는 마음으로 청소년들을 인터뷰했어요. 덕분에 제가 출간한 책에는 다양한 청소년들의 인터뷰가 담겨 있답니다. 300프로젝트를 하면서 가장 좋았던 점은 바로 저의 성장을 기록할 수 있었다는 점이에요. 인사이트를 주는 다양한 책을 읽고 정리해서 기록하고, 저의 지식과 경험을 글로 쓰면서 내가 하는 일에 대한 저만의 가치관이나 신념이 확고해졌어요.

🚩 **300프로젝트가 본인의 진로에 어떤 도움을 주었나요?**

300프로젝트를 하면서 온라인상에 기록하는 것이 습관이 되었어요. 책, 인터뷰, 칼럼 외에도 저의 경험과 성장 과정을 블로그에 차곡차곡 기록했기 때문에 그런 기록들이 쌓여 지금은 저를 증명할 수 있는 든든한 온라인 포트폴리오를 완성할 수 있었죠. 꾸준한 기록 덕분에 성실함뿐만 아니라, 저의 분야에서 전문성을 인정받고 검색 가능한 사람이 되었습니다.

🚩 청소년들에게 300프로젝트를 추천하는 이유는 무엇인가요?

청소년기는 자아정체감을 형성하고, 자신의 적성과 진로를 발견해나가는 중요한 시기입니다. 단순히 남들과 똑같이 입시나 취업을 위한 스펙 쌓기용 포트폴리오를 준비하기보다는 나의 성장이 담긴 진정성 있는 포트폴리오를 쌓아가는 것이 필요하죠. 그러기 위해서는 자신이 좋아하고 흥미 있는 관심 분야를 꾸준히 탐색하고 경험하면서 자신만의 꿈을 발견하고 만들어나가야 해요. 그런 점에서 청소년들이 관심 분야와 관련된 책을 읽고, 전문가를 인터뷰하고, 자신의 생각을 글로 쓰는 경험을 하는 300프로젝트 활동은 청소년들의 진로 탐색에 큰 도움이 되는 프로젝트라고 생각합니다.

300프로젝트를 통해 청소년기에 입시교육 위주의 공부만 하는 것이 아닌 자신의 꿈을 능동적으로 만들어가는 훈련을 시작한다면 얼마나 좋을까요? 많은 학생이 자신의 꿈을 찾고, 그로 인해 좋은 세상을 만들어가는 멋진 성인으로 성장할 수 있기를 기대하며, 청소년들에게 300프로젝트를 강력히 추천합니다.

STORY 07

좋은 인연은 좋은 곳으로 안내하는 커다란 손

학생과 학교의 브랜드를 만들어가는
영종국제물류고등학교 진로진학상담교사 손영배

좋은 인연은 좋은 곳으로 안내하는
커다란 손이 되기도 합니다.
여러분도 인터뷰를 통해
그 손을 잡을 수 있으면 좋겠습니다.

🚩 자기소개 부탁드립니다.

대학이 우선이던 시절, 저는 공대에 진학하여 대기업, 외국계 기업에 취업했습니다. 그러나 결국 마지막으로 선택한 직업은 진로진학상담교사입니다.

우리가 평상시 중국집 메뉴를 고민할 때는 오늘은 짬뽕, 내일은 짜장면하는 식으로 여유롭게 선택할 수 있지만, 진로 고민은 그렇지가 않습니다. 중3 학생의 경우 일반계고(인문계)를 가느냐, 직업계고를 가느냐에 따라 펼쳐질 인생의 모습은 아주 다를 테니까요. 그런데 이제는 대학부터 가고 보자는 것이 꼭 정답이 아닌 시대가 왔습니다. 대학을 나왔다고 무조건 취직되던 시절은 이미 호랑이 담배 피우던 시절만큼 옛날이야기가 되었습니다.

중요한 것은 내 적성에 맞고, 내가 즐기며 할 수 있는 일을 선택했는가하는 점입니다. 학생들이 그런 선택을 할 수 있도록 돕는 것이 저의 일입니다.

🚩 300프로젝트를 하게 된 계기는 무엇인가요?

진로진학상담교사의 입장에서 진로 선택을 앞둔 학생들보다 30년 이상의 직업 경험을 쌓고 나니 세상은 이미 변해 있었습니다. '무조건 대학을 나오면 취업이 더 잘 될 것이다.'라는 생각은 이제 벗어나야 할 고정관념입니다. 그러나 고정관념이란 것이 참 무서워서 일단 생기면 깨기가 어렵습니다. 앞으로 세계는 고정관념을 깨지 못하면 그만큼 뒤처집니다. 그것을 학생들에게 알려주고, 행복하게 살 수 있도록 하는 방법을 고민하던 중에 300프로젝트를 알게 되었습니다.

🚩 300프로젝트를 하면서 주로 어떤 책을 읽으셨나요?

우선 제 직업 분야인 진로 관련 서적을 찾아 읽었습니다. 세상이 어떻게 변할까, 어떤 직업들이 생기고 어떤 직업들이 사라질까 궁금해져 4차 산업혁명과 관계된 책들을 먼저 읽었습니다. 또 앞으로는 어떤 기업들이 살아남을지 궁금해서 강소기업에 관계된 서적을 읽었습니다. 그렇게 1년이 안 되는 시간 동안 100권 가깝게 책을 읽었습니다. 마침내 제가 생각한 진로 지도 방향이 맞았다는 생각이 들면서 가슴이 벅차 오르더군요. "우리 학생들에게도 미래 직업에 대한 희망을 심어줄 수 있겠구나!" 싶어서요.

▣ 300프로젝트로 인해 새롭게 도전하게 된 것은 무엇인가요?

요즘 학생들은 장래 희망 직업 1위가 유튜버라고 하죠. 모든 것이 인터넷으로 연결된 초연결시대, 창의성이 폭발하는 시대임을 적나라하게 보여주는 대표적인 것이 바로 유튜브라고 생각합니다. 진로진학상담교사인 저도 『유튜브 크리에이터 어떻게 되었을까?』를 비롯해 유튜브 관련 책도 여러 권 읽고, 실제 유튜버가 되려고 <열린 크리에이터 사람들>이라는 유튜브 전문 교육 기관에서 교육을 받기도 했습니다. 그 덕에 생애 처음으로 유튜브 채널 <행진가tv>를 개설했고, 중·고등학생이 진로 설정하는데 도움이 될 자료를 꾸준히 업로드하고 있습니다.

▣ 가장 인상적이었던 인터뷰는 무엇인가요?

제 첫 번째 인터뷰 대상이 바로 조연심 작가님이었습니다. 조연심 작가님은 제가 300프로젝트를 하는 초석이 되었던 책 『300프로젝트』와 2020년 출간된 『퍼스널 브랜딩에도 공식이 있다』의 저자입니다. 퍼스널 브랜딩 분야의 대가를 직접 인터뷰 해보니 활자로 전달되지 않는 부분이 있더군요. 직접 보고 질문을 할 수 있어서 책으로는 풀리지 않았던 숙제가 해결되어 정말 알찬 시간이었죠.

그 만남에서 받은 도움으로 얻은 브랜드 네이밍인 '재능극대화전문가'로서 새로운 도전을 준비 중입니다. 동시에 관련 서적 집필도 준비 중이죠. 좋은 인연은 여러분을 좋은 곳으로 안내하는 커다란 손이 된다고 합니다. 여러분도 그 손을 잡을 수 있었으면 좋겠습니다.

▣ 300프로젝트를 진행하면서 인생에서 무엇이 바뀌었나요?

책을 많이 읽다 보니 생각도 많아졌고, 생각을 정리하면서 블로그에 포스팅을 하다 보니 책도 쓰게 되었습니다. 그래서 나온 책중 하나가 『이제는 대기업이 아니라 강소기업이다』입니다. 이 책은 15번째로 발행되어 베스트셀러가 된 『이제는 대학이 아니라 직업이다』의 시리즈로 출간된 책입니다. 저는 이 책들이 청소년들의 직업과 진로에 대한 고민을 해결하는 데 도움이 되기를 진심으로 바랍니다. 그뿐만 아니라 4차 산업혁명에 관심을 두다 보니 드론도 공부했고, 드론조종자 자격증을 땄고, 드론 관련 책도 쓰게 되었습니다.

모든 시작은 『300프로젝트』라는 책 한권에서 시작되어 꼬리에 꼬리를 물고 일어난 결과입니다. 누구라도 끈기있게 행동만 한다면 더한 성과도 거둘 것이라고 확신합니다. 특히 청소년들은 저보다 훨씬 젊고, 이 세상의 변화에 빠르게 적응하고 있으니 더 기대가 됩니다. 그러니 지금 바로 행동해보세요!

STORY 08
인터뷰, 질문하는 사람도 답하는 사람도 win-win
<더청춘> 대상 수상한
부산 이사벨중학교 진로진학상담교사 전성곤

300프로젝트를 통해 성장하는 경험은
게임 캐릭터가 레벨-업하는 것보다
훨씬 뿌듯하고 재미있습니다.
더 많은 학생이
성장의 재미를 느껴보길 바래요.

⚑ 자기소개 부탁드립니다.

안녕하세요. 저는 부산 이사벨중학교에서 진로 과목을 담당하고 있는
전성곤입니다. 2014년에 대통령 직속 청년위원회에서 주최하고 주관한
300프로젝트의 축소판 <더청춘>에 참가하여 많은 성장을 경험하였습니
다. 그런 성장이 있었기에 더욱더 많은 청년과 청소년들에게 프로그램과
활동이 소개되길 바랍니다.

**⚑ 300프로젝트 축소판 <더청춘> 프로그램에 참여하게 된 동기는 무엇인
가요?**

제 인생의 성장을 위해서 참여하게 되었습니다. 저는 학생들의 진로를
지도하며 성장을 돕는 사람이 되고 싶었습니다. 하지만 어떻게 가르치며
지도해야 하는지 명확하게 알지 못하는 방황의 순간이 찾아왔죠. 매일 책
을 읽고 강연 영상도 보며 배우지만 부족했습니다. 제 안에서부터 정리되
지 않고 채워지지 않으니 당연히 학생들의 성장도 도울 수가 없었죠. 그러
던 중 <더청춘>을 알게 되었습니다.

'읽고 만나고 기록하라.'는 <더청춘>의 문구를 보며 제가 해결하지 못한 문제의 답을 제시해 주리라는 기대가 생겼습니다. 수많은 사람을 바꾼 300프로젝트에서 파생한 <더청춘> 프로그램을 통해 제가 직접 성장을 경험한다면, 학생들의 성장을 어떻게 지도하며 도울 수 있을지도 깨닫게 되지 않을까 하여 신청하게 되었습니다.

⚑ 가장 기억에 남는 미션 수행 사례는 무엇인가요?

<더청춘> 미션을 수행하면서 가장 의미 있게 진행한 활동은 인터뷰였습니다. 칼럼을 작성하기 위해서는 관심이 가는 주제를 선정한 후 자신만의 답을 찾는 과정이 필요했죠. 그러면서 '느낌표가 있으려면 앞서 물음표가 있어야 한다.'는 사실을 경험하고 배웠습니다. 이러한 교훈을 바탕으로 우리 학생들의 삶에도 질문이 있다면 더욱 성장하리라 확신했습니다.

그래서 저는 인터뷰의 이름을 'WinWinterview'로 정하고 학생들에게 꿈과 인생에 관하여 질문을 하였습니다. 학생들은 질문을 통해 자신의 인생을 고민하며 성장할 수 있었고, 질문하는 저는 학생들 한 명 한 명에게 관심을 가지는 게 얼마나 중요한지 깨닫게 되었습니다. 많은 시간을 함께하면서도 알지 못했던 학생들의 다양한 모습과 잠재력을 알아보는 의미 있는 시간이었죠. 질문하는 저도 질문에 답하는 학생도 모두가 win-win 이었기에 인터뷰 이름 그대로 'WinWinterview'였습니다.

▶︎ 대상을 수상하게 된 소감이 어떠신가요?

대상이라는 결과 자체도 의미가 있었지만, 프로젝트를 수행하는 과정에서 인생의 또 다른 재미를 깨닫게 되어 감사합니다. 다른 참가자보다 활동의 수준이나 결과물이 뛰어나서 대상을 수상하였다고 생각하지는 않습니다. 단지 누구보다도 열정을 가지고 최선을 다했고 많은 결과물을 만들었기 때문에 수상했다고 생각하죠. 제가 그럴 수 있었던 이유는 바로 재미있었기 때문이에요. 책을 리뷰하고, 인터뷰하고, 칼럼을 작성하면서 제 인생이 성장하고 있다는 것이 느껴지니 과정 자체가 정말 재미있었습니다. 그래서 학생들에게 "300프로젝트를 하면 게임 캐릭터가 레벨업 하는 것보다도 자신의 인생이 성장하는 걸 느끼게 되어 더 재미있을 거야!"라는 말을 많이 합니다. 더 많은 학생이 300프로젝트를 통해 성장의 재미를 느끼길 바랍니다.

청소년을 위한 300프로젝트

2장.
300프로젝트,
가장 단순하고 강력한 자기계발 훈련법

나를 말하라고 할 때 할 말이 없거나 말을 해놓고도 흡족하지 않다면 머지않아 위험해질 수 있다. 우린 그런 시대를 살아가고 있다. 어떻게 나를 보여줄 것인가 그리고 지금부터 무엇을 할 것인가. '포트폴리오'라는 단어를 기억하고 그 답을 찾아가보자.

#01

나는 나를 고용할 것인가?

"작가님, 점심 대접할 테니 저희 직원들과 한 시간만 만나주실 수 있나요?"

S 기업 팀장으로부터 온 전화였다. 서울 시내가 한눈에 내려다보이는 전망 좋은 식당에서 점심시간을 이용해 만난 이들은 그 기업에서 최소한 5년 이상 근무한 우수한 인재들이었다.

"어떻게 작가가 되신 거예요?"

"강의는 어떻게 할 수 있나요?"

"글쓰기는 어디서 배우셨어요?"

남들 다 아는 대기업에 남부럽지 않은 직급을 달고 연봉을 받는 그들은 언제고 스스로 홀로서야 한다는 것을 체감하고 있었다. 회사에서조차 알아서 일을 하라는 식으로 내모는 분위기에서 도대체 어디서부터 무엇을 준비해야 할지 알 수가 없어 답답하기만 하다고 했다.

그런 그들에게 물었다.

"어떻게 일하고 계세요?"

"나름대로 열심히 하고 있어요."

이 땅에서 경제활동을 하는 수많은 직장인, 창업한 CEO와 프리랜서 대부분 나름대로 열심히 일한다. 아니 일하는 시간만 따지면 전 세계에서 가장 열심히 일하는지도 모른다. 그런데 문제는 이 '나름대로'에 있다.

산업화시대에는 한번 들어가면 그곳이 평생직장이었다. 크게 고민할 것도 없었다. 시키는 일만 제대로 해내면 되었다. 오히려 일을 벌이는 사람을 타박하는 풍토였다. 하지만 이제는 달라졌다. 정보화·지식경제 시대로 진입했고, 치열한 글로벌 경쟁에서 살아남아야 한다. 과거의 성공은 더 이상 미래의 성공을 약속해주지 않는다. 이제는 주위에 자신이 필요한 것을 꼼꼼히 가르쳐줄 사람도 없어졌다. 스스로 뭔가를 만들어내야 하는 상황이다. 입사해서 지금까지 시키는 일만 죽어라 하던 사람들에게 갑자기 스스로 알아서 일을 만들어 내라고 하니 그들의 답답함이 오죽했으랴. 그런데 그들의 마음을 무겁게 짓누르는 것은 따로 있었다. 바로 직장생활 후 무엇을 하며 살아야 하는지 명확한 계획이 없다는 것이었다.

한 시간가량 주어진 점심시간을 이용해 서울 시내에서 가장 비싼 식당에서 값비싼 점심을 시켜 놓고도 여유 있게 음식 맛을 즐기지 못한 채, 내가 들려주는 한 마디 한 마디에 귀를 기울이던 그 사람들의 어두운 표정이 지금도 머릿속에 선명하다. 하지만 돌이켜 생각해보면 그들의 앞날이 선명하지 않은 이유 중 하나가 '나름대로' 일하는 태도에 있었음을 제대로 알려주지 못했다. 회사를 나온 순간 나름대로 일하는 사람에게는 아무 기회가 주어지지 않는다는 냉혹한 현실을 알려준들 머리로는 이해해도 몸으로 이해하는 데까지 걸리는 시간은 고스란히 그 사람 개인 몫이기 때문이다.

🖥 나름대로 일한다는 것

'나름대로'는 '각자가 가지고 있는 고유의 방식 또는 그 자체'를 뜻하는 '나름'에서 파생된 단어다.

CEO, 프리랜서, 1인 기업가에게는 얼마나 오래 일했는가는 중요하지 않다. 오로지 일을 얼마나 잘했는가가 평가의 기준일 뿐이다. 하지만 월급을 받는 사람들은 성과에 상관없이 일한 시간을 평가의 가장 중요한 잣대로 여긴다. OECD가 2020년 발표한 한국 근로자들의 평균 근로시간은 연간 1,908시간, OECD 평균은 1,687시간이다. 독일은 1,332시간으로 가장 짧고 미국은 1,767시간이다. 오래 일하는 기준으로만 보면 한국이 가장 독보적인 성과를 만들어야 한다. 하지만 오래 일하기만 해서 원하는 결과를 얻을 수 있을까?

노동생산성을 비교해보면 미국의 노동생산성을 100으로 볼 때 프랑스 92.4 독일 113.9이지만 한국은 63.0의 비중을 보인다. 어느 나라 사람보다 열심히 일하는 사람이 많은 우리나라는 왜 그만큼 성과가 나지 않는 것일까?

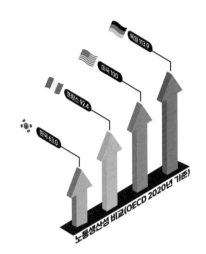

"나름대로 열심히 하고 있습니다."

"저도 나름대로 최선을 다하고 있습니다."

"사정은 알지만 저희도 나름대로 알아보고 있습니다."

어디서 많이 듣던 말이지 않는가? 직장, 사회 심지어 사고 현장에서도 사람들이 무의식적으로 내뱉는 말들이다. 우리 주변에서 흔히 듣는 말인데 문제는 이렇게 말하는 사람 대부분은 그 어떤 것도 책임지지 않는데 있다. 일의 기준이 객관적 기준이 아닌 자신의 방식, 즉 주관적인 방식이기 때문이다.

스스로 책임지며 살아가는 사람은 결코 '나름대로' 일하지 않는다. 자기 기준이 아닌 공식적인 외부 기준에 맞춰 또렷한 목표를 가지고 성과를 만들어낸다. 이는 아마추어와 프로의 차이와 같다. 성과와 상관없이 일하는 과정 자체를 즐기는 사람은 대부분 아마추어의 삶을 사는데 비해 일한 만큼 보상받는 프로는 확실한 목표를 가지고 제대로 훈련을 받아 기대하는 결과를 만들어낸다. 노래를 좋아하는 사람이라 해도, 노래를 잘 부르는 사람 아무에게나 돈을 지불하면서 공연 해달라고 요청하지 않는다. 우리가 인정한 사람들에게만 돈을 지불하면서 그 사람의 재능을 사는 것이다.

당신은 다른 사람을 어떻게 평가하는가?

'나름대로' 일하는 사람을 고용할 의사가 있는가?

지금 우리에게 필요한 것은 '나름대로' 일하는 일의 기준을 뜯어고치는 것이다. 자기 기준을 넘어 세상의 기준에 부합하는 프로만이 살아남는 치열한 세상에 살고 있기 때문이다.

CHECK POINT

300프로젝트 실천을 위한 점검 포인트
학교생활 이대로 좋은가?

학생들은 사회가 요구하는 인재로 거듭나기 위해 독서·동아리·진로 활동 등 다양한 노력을 하고 있다. 그러나 우리는 그 노력의 기준이 주관적이고 자기만족적이지 않은지 생각해보아야 한다. 본문의 내용처럼 '나름대로'가 아닌 명확하고 체계적인 기준을 가지고 실행하고 있는지 점검해 보자.

#02
나는 왜 이 일을 하고 있는가?

취업률이 직업계고와 대학의 경쟁력이 된 요즘, 대학마다 초유의 관심사는 바로 취업률을 올리는 획기적인 방법이다. 창의인재, IT 명품 인재, 다빈치형 인재, 미래인재, 지역우수인재, 글로벌 인재, 리더십 인재, 프런티어 인재, DoDream인재, 자기 주도형 인재, 체인지 인재, 참빛인재, 감성인재 등 국내 대학 20위권에 들어가는 대학들이 추구하는 인재상이다. 모두 표현은 다르지만 이를 풀어서 설명해보면 창의적이고 진취적인 사람, 교양과 실력에서 앞서가는 사람, 지성과 야성을 겸비한 사람, 신의와 헌신을 바탕으로 신뢰받는 사람, 세계를 향하여 당당히 행동하는 사람인데 이쯤 되면 이런 사람이 세상에 존재할까 싶은 의구심이 들 정도로 완전체다. 이런 우수한 인재상을 기준으로 다양한 방식으로 선발된 인재들이 대학 4년을 보내고 나면 취업 시장에서 다시 한번 평가를 받는다.

21세기 기업의 바람직한 인재상은 창조인, 세계인, 학습인, 사회인으로 이에 필요한 기본자질은 긍정적이고 건전한 사고, 자본주의 시장 경제에 대한 긍정적 시각, 창의적 사고, 뛰어난 실천력 및 행동력, 새로운 지식과 기술을 끊임없이 습득할 수 있는 자기 학습 능력, 즉시 써먹을 수 있는 기본기를 말한다. 기본기에는 외국어 실력(영어 필수, 제2외국어 선택), IT·컴퓨터 등 정보 처리 능력, 자기표현 능력, 기술 변화에 대한 이해 능력이 포함된다. 이런 방식이라면 현재 전문가로 인정받는 사람 대부분이 들어갈 회사는 없어 보인다. 아니 이력서를 낼 엄두조차 못 내겠다고 하는 게 맞는 표현이다.

여기서 궁금한 것 한 가지. 학교에서 학생을 선발할 때나 기업에서 필요한 인재상이나 인재를 선발하는 기준은 크게 다르지 않다. 그런데 왜 취업이 안 될까? 전인적 인격체를 기준으로 학교에서 뽑은 인재들이 졸업할 무렵이면 왜 평범해지는 걸까?

많은 이가 학교 교육이 시대 변화를 따라오지 못한다고 지적한다. 이제 학교는 '이론교육에서' 벗어나 일종의 서비스로 전환해야 하는 시대적 요구에 직면해 있다. 서비스 수요자인 학생과 간접적인 수요자라 할 수 있는 기업의 요구를 더 이상 외면하기 어렵기 때문이다. 평범한 졸업생을 양산하는 현재의 시스템을 이제 대폭 손볼 때가 되었다.

그런가 하면 학교만의 책임으로 돌릴 수 없는 측면도 있다. 취업난에 내몰린 학생들이 가장 중요한 일들은 뒤로 미룬 채 오직 스펙 쌓기에만 골몰하고 있는 것도 문제를 더 악화시키기 때문이다.

미국에서 학위를 따온 A는 대기업 서류 면접마다 합격했지만 4차 심층 면접 후엔 번번이 낙방했다. 이번에는 되겠지 싶어 도전하고 또 도전하기를 수차례. 이젠 지원할 회사도 얼마 남지 않았다. A의 기준에 드는 회사는 부모의 기대와 사회의 기대가 모두 일치하는 곳이었다. 스펙이 좋고 열심히 일하겠다는 의지도 남다른데 A는 왜 면접에서 떨어지는 걸까? 보다 못한 A의 누나가 지칠 대로 지친 A를 소개해서 만났다. 도대체 무엇이 문제인지 알아내고 싶었다. 10분도 채 지나지 않아 그 이유를 알 수 있었다. A에게선 왜 일하는지, 일을 하기 위해 지금까지 어떤 도전과 경험을 했는지, 어떻게 일할 것인지에 대해 그 어떤 것도 제대로 찾아낼 수가 없었다. 그저 자신의 운이 나쁘다거나, 배경이 없어서라는 체념과 함께 어디든 뽑아만 주면 열심히 할 수 있다는 다짐만을 확인 할 수 있었다. 번듯한 외모와 남부럽지 않은 스펙에도 불구하고 내가 사장이라도 이 사람을 채용하고 싶지는 않을 것 같았다. 답답한 마음에 앞으로 어떻게 할 것인지를 A에게 물었다.

"글쎄요. 어디서부터 시작할지, 어디로 가야 할지 저도 잘 모르겠어요."

국내 대학을 졸업하고, 그것도 모자라 미국 학위까지 수료한 A씨의 사례는 이젠 새로울 것도 없다. 누구랄 것도 없이 어떻게 해야 할지에 대한 정답을 끝도 없는 공부(?)에서 찾는다. 자격증, 영어 점수, 학위, 공모전을 준비하며 똑같은 목표를 향해 숨도 안 쉬고 공부하는 이들에게 묻고 싶다. 우리 자신을 21세기가 요구하는 인재라고 어떻게 증명할 수 있을까?

300프로젝트 실천을 위한 점검 포인트
일의 이유를 찾으면 그것이 곧 경쟁력

기업은 차별화된 역량을 갖춘 인재를 원한다. 학교에서 제공하는 서비스만으로는 더 이상 사회적 요구에 부응하지 못한다. 스펙 쌓기에만 몰두하는 행태가 사태를 더욱 악화시킨다. 학교 서비스가 기업의 요구에 부응하려면, 기업이 졸업생을 왜 채용해야 하는지 그 이유를 보여줄 수 있어야 한다.

#03
내가 쌓은 스펙으로 무슨 일을 할 수 있을까?

　기업은 인재가 없다 하고, 학생들은 일자리가 없다고 한다. 누구의 말이 맞는 것일까? 학생들은 취업 시장이 좋은 직장과 안 좋은 직장으로 양극화된 현실에서 좋은 직장으로만 몰리다 보니 그 경쟁률에 비명을 지른다. 반면 기업 입장에서는 당장 현업에 투입해도 될 정도로 준비되고, 또 몇 년 후에는 회사의 미래를 책임질 역량과 열정을 갖춘 사람을 뽑고 싶은데, 하나같이 영어 점수와 학점, 뻔한 자격증 정도를 들이미는 모습에 실망할 수밖에 없다. 기업도 마땅한 대안이 없지만 청년들도 마땅한 대안이 없다. 그렇다면 기업이 원하는 준비된 인재는 어디에 있는 걸까? 어떤 인재가 기업이 찾던 인재인 걸까?

💻 "스튜던트 푸어(Student Poor) 34만 명 시대"

이 말은 2014년 9월 조선일보에 난 기사에서 처음 언급된 제목이다. 스튜던트 푸어란 대학을 졸업했어도 취업준비생·고시생·수험생으로 남아 있어 '사실상 학생' 신분에서 벗어나지 못한 사람 중 빈곤선 아래에 있는 사람을 포괄하는 개념이다. 스튜던트 푸어가 늘어나는 데는 취업에 필요한 각종 자격증, 영어 점수 등 스펙을 쌓기 위해 드는 비용이 해가 갈수록 커지고 있는 점도 한몫하고 있다. 갈수록 좁아지는 취업문을 뚫기 위해 스튜던트 푸어로 살다가 취업을 포기하거나 고리 채무자로 전락하는 사례도 적잖다. 스튜던트 푸어는 졸업 후 어렵게 취업에 성공하더라도 당분간은 빈곤 상태를 벗어나지 못한다. 전문가들은 다음의 악순환에 청년들이 빠져들고 있다고 분석했다.

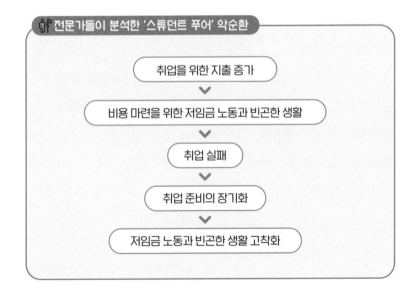

기사를 정리하다 보니 갑자기 궁금해졌다.

이렇게 높은 취업 비용을 들여 정작 젊은이들이 들어가고자 하는 곳은 어떤 직장일까? 취업을 위해 무슨 준비를 하기에 이렇게 비용을 들이는 걸까? 자신이 진짜 간절히 원하는 직장이 남들에게 인정받은 꿈의 직장이라서 들어가려는 걸까? 직장을 선택하는 기준이 단지 높은 연봉과 훌륭한 복지라면 그것에 자신의 인생을 걸 만할까? 처음 들어간 직장에서 인정도 받고 돈도 많이 벌 수 있는 사람은 몇이나 될까?

이런 질문들에 답을 하다 보니 다른 의문이 생긴다.

"어렵게 들어간 직장에서는 제대로 견디는 걸까?"

실제 신입사원 중 1년 내 이직하는 확률이 4명 중 1명꼴이라는 기사를 보았기 때문이다. 그렇다고 나머지 75%가 장기 근속하는 것도 아니다. 이들마저도 10년이 안 돼 회사를 옮기거나 그만두는 확률이 99%에 육박한다. 낙타가 바늘구멍 들어가기보다 어렵다는 대기업에 취업해도 결과는 마찬가지다. 이들이 이직하는 이유가 기업이 원하는 인재가 아니라서일까, 아니면 진짜 인재들은 기업에서 오래 버티지 못하는 걸까?

여기에 대해서는 경영학의 구루 톰 피터스의 책 『인재』에 해답이 나와 있다.

"평생직장은 없고, 평균 5~7개의 직장을 옮겨 다니고, 2~3개의 직업을 가지며 평생 자기 고용 상태에 머물게 된다. 우리는 모두 독립 노동자다."

기업에서는 일을 잘해도, 잘하지 못해도 오래 머물지 못한다. 그게 직장이고 회사의 룰이다.

우리는 기업이 더 이상 종업원을 책임지지 못하고, 각자가 스스로 책임져야 하는 시대에 살고 있다. 그렇다면 우리는 우리 스스로를 책임질 수 있을까? 아니 책임질 의사가 있는 걸까? 이런 기준이라면 직장에 대한 정의가 지금과는 달라야 한다. 직장의 타이틀이 우리의 모든 것을 말해주던 시대가 지나가고 있음에도 여전히 우리는 예전 평생직장이 있던 때처럼 살고 있는 것은 아닐까? 이제는 직장과 자기 일에 대한 기준을 새롭게 정의할 필요가 있다. 피터스는 또 이렇게 말했다.

"평생 내가 하고 싶은 일을 찾고, 그 일을 잘하기 위해 훈련할 시간이 필요하다. 직장은 그 훈련을 하는 최적의 장소이자 시간을 버티게 할 이유가 된다. 직장을 이직하는 기준은 돈이 아니라 더 이상 배울 게 없을 때이다. 이 직장에서는 더는 배울 사람도, 배울 지식도 없다면 배울 게 있는 다른 직장으로 옮기면 된다. 그렇게 5~7개의 직장을 옮겨 다니면서 훈련하면 나중에는 홀로 무엇을 하든 충분히 훈련된 나와 만나게 된다. 그때부터가 진짜 승부수를 던질 때다. 내 이름으로 하는 일에 책임을 질 수 있는 때 말이다."

더글라스 케네디의 소설 『더 잡』에 이런 대목이 나온다.

"회사에서 필요한 두 가지는 잘 어울릴 수 있는가와 잘 해낼 수 있는가 뿐이다."

회사에서 필요한 인재는 우선 회사에 잘 어울릴 수 있는 사람이다. 독불장군식으로 일을 하면 인재로 인정받지 못하는 곳이 기업이고, 직장이다. 상사, 동료, 부하 직원과 하모니를 이뤄 기업이 원하는 수준만큼 해내면 그걸로 족한 곳이 회사인 것이다. 그렇게 시간을 버텨 승진하면 그때부터는 혼자가 아닌 팀의 수준이 나의 평가 대상이 된다. 나보다는 다른 사람의 성과가 중요해지는 셈이다. 그런 회사에서 끝까지 살아남게 되면 나 개인의 능력은 사라지고, 일하는 사람을 관리하고 독려하는 능력만 남는다. 그러다가 회사에서 나오면 나 개인의 능력으로 먹고살아야 하는 사회와 맞닥뜨리게 된다.

회사를 거꾸로 하면 사회다. 사회에서는 질문 순서가 바뀐다. 잘 해낼 수 있는가가 먼저고 잘 어울릴 수 있는가가 나중이다. 결국 무슨 일을 해낼 수 있는가에 따라 사회가 필요로 하는 인재인지 아닌지를 나누는 셈이다. 아이러니하게도 회사를 오래 다닐수록 사회에서는 필요 없는 사람이 될 확률이 높아진다. 이런데도 무작정 높은 취업 비용을 들여 단순히 눈에 보이는 스펙을 쌓기 위해 모든 것을 걸 용기가 있다면 그렇게 하라.

그렇다면 도대체 어떻게 하라는 말인가? 먼저 나의 꿈을 찾아야 한다. 내가 어떤 사람인지, 어떤 일을 할 때 행복한지, 어떻게 살고 싶은지에 대해 깊이 성찰하여 나와 만나야 한다. 그렇게 되면 무엇을 할지 알게 되고, 어떤 방식으로 언제까지 그 일을 하면 되는지도 알게 된다. 그러면 무작정 취업이 잘되고, 돈도 많이 번다는 해법만을 찾아 자신의 답이 아닌데도 몰입하는 무모함에서 벗어날 수 있다. 여기서 책-인터뷰-칼럼쓰기인 300프로젝트를 해야 할 이유를 만날 수 있다.

나의 꿈을 찾는 방법 중 하나가 책을 읽는 것이다. 책을 읽고 정리함으로써 세상을 보는 안목과 이해하는 혜안을 얻게 된다.

그리고 사람을 만나라. 내가 꿈꾸는 일을 먼저 한 사람들에게 물어라. 그 일을 왜 하는지, 어떤 즐거움과 어려움이 있는지, 포기하고 싶은 순간은 어떻게 극복하는지, 힘든 과정을 겪으면서도 그 일을 잘 할 수 있는 방법은 무엇인지를 묻다 보면 어느새 그 일을 할 동기와 이유가 확실해진다.

그리고 자신의 생각을 글로 써보라. 글은 그 어떤 것보다 내 생각을 명확하게 해주고 나 자신을 확실한 사람으로 만들어준다. 내가 무엇이 부족한지 알게 하고, 나의 열정이 지속되고 있는지를 보여주는 확실한 바로미터다. 나의 성실함, 인내력, 끈기, 용기, 도전, 간절함 등을 보여줄 수 있는 게 내가 꾸준히 써온 글이다. 이 모든 것을 블로그를 통해 온라인에서 확인할 수 있다면 어떻게 될까?

"첫 프레젠테이션의 무대는 저에게 전율을 느끼게 해줬어요. 어렸을 때부터 남들 앞에서 발표하고 다른 사람들에게 박수 받는 일을 좋아했다는 걸 그제야 깨달았죠. 제가 정말 좋아하고 잘할 수 있는 일을 찾은 거예요. 광고도 이와 같은 일이라고 생각해요. 열심히 뭔가를 준비해서 매체를 통해 남들 앞에 선보이고 설득하는 일이죠. 그래서 광고에 매력을 느꼈어요. 광고를 해야겠다고 생각했는데 오랜 기간 공부에 손을 놓았던 터라 기본기가 없어서 무작정 열심히 관련 분야를 공부했고, 공부한 것들을 하나둘씩 블로그에 포스팅했어요. 그러다 보니 파워 블로거가 됐죠. 어떻게 보면 블로그 포스팅도 열심히 준비한 것들을 정리해서 사람들에게 전달하고 설득하는 일이라고 생각해요. 이 또한 제가 좋아하는 일이었기에 꾸준히 할 수 있었던 것 같아요. 그러다가 온라인 광고나 마케팅을 해야겠다고 생각했죠. 지금은 소셜 마케팅 대행업체 '광고쟁이'의 대표가 돼서 여러 사람들과 인터뷰를 한다든가 광고주를 만나 직접 브리핑도 하는 등 좋아하는 일을 계속 하고 있어요."

자신이 좋아하는 일을 기록함으로써 영화 「잡스」의 소셜 마케팅을 대행할 수 있었던 300프로젝트 도전자 김도형 대표의 말이다.

"저는 광고와 마케팅 분야뿐만 아니라 다방면의 정보들을 블로그와 페이스북을 통해 공유해왔어요. 모두 제가 좋아서 해온 일이죠. 이 일들이 쌓이고 쌓이다 보니 어느 순간 굳이 제가 나서서 영업하지 않아도 외부에서 먼저 제의가 들어오고 일거리가 생기더라고요. 최근에는 제가 스티브 잡스의 일대기를 담은 영화의 소셜 마케팅 대행을 하게 됐습니다. 이 또한 애플의 키노트라는 프레젠테이션 프로그램의 전도사로 활동했던 저의 이력으로 인해 제의를 받게 된 겁니다. 스스로 좋아서 순수한 마음으로 했던 일들이 결국 이득이 돼 내 자신에게 돌아옴을 느꼈죠. 차근차근 꾸준히 준비한다면 기회는 제 발로 찾아오는 것 같아요."

준비된 자에게 기회가 온다는 말이 빈말이 아님을 보여주는 사례다.

사실 기록을 통한 가장 큰 수혜자는 자기 자신이다. 나의 성장을 객관적으로 지켜볼 수 있기 때문이다. 약속을 지켜나가는 자기 자신의 모습을 보며 가장 흐뭇해할 게 나라는 건 뻔하지 않은가! 내가 좋아하는 일을 찾고, 그 일을 하기 위해 책을 읽고, 인터뷰하고, 글을 써온 과정을 스토리로 엮어 자신에게 새로운 기회를 만들어줄 회사에 지원 자료로 활용한다면 어떨까? 영어 만점, 보여주기식 스펙을 만든 다른 사람과 달리 취업에 성공할 확률이 높지 않을까? 물론 실패할 수도 있다. 하지만 쿨하게 인정하면 된다. 그런 회사라면 내가 안 들어간다고. 그리고 나는 나의 길을 가면 된다. 나의 인생에 도움이 될 회사를 선택하는 것으로 회사를 선택하는 기준을 바꾼다면 많은 문제가 해결될 것이다.

나에게 맞지 않는 옷을 입기 위해 불필요한 스펙 준비로 고도의 비용을 들이지 않아도 된다. 다른 사람들에게 잘 보이기 위해 잘 알지도 못하는 일을 하러 회사에 들어갈 필요가 없다. 대신 다른 노력을 해야 한다. 평생 나에게 필요한 기술을 습득하게 할 기회를 줄 회사는 어디인지 찾고, 그 회사에도 나에게 그런 기회를 주어야 하는 이유를 말할 수 있어야 한다. 그렇게 찾은 회사에서 나의 재능을 훈련하고, 또 다른 재능을 찾고, 네트워킹을 하고, 미래의 내가 경쟁력을 갖출 때까지 기회와 시간을 준 회사에 감사해야 한다. 그런 과정을 몇 차례 겪으면서 진짜 인재가 되는 것이다. 평생직장이 사라진 이제 회사가 원하는 인재 말고 사회가 원하는 인재가 되어보는 건 어떨까?

이런 취지에 공감하는 많은 사람 중 300프로젝트를 대학 학점과 연계하고자 노력하셨던 분이 글로벌녹색경영연구원의 최근영 원장님이다. 최 원장님은 유망 기업의 CEO이자 인하대학교에서 겸임 교수로도 활약하고 계시다. 나는 모교인 인하대학교 후배들을 대상으로 개인 브랜드 특강을 하면서 자연스럽게 300프로젝트를 소개할 수 있었다. 그 강의를 듣고 최근영 원장님은 2013년 1학기에 산학협력단 성공중소벤처기업특강을 함께 진행하자고 제의해주셨다. 대학교 2학년 과정에 300프로젝트가 공식적으로 연계되는 순간이었다. 수강 신청을 하고 첫 번째 시간에 100여 명의 학생들이 한자리에 모였다. 그들에게는 한 학기 동안 30프로젝트(10권의 책 - 10명의 인터뷰 - 10개의 칼럼)를 수행하는 미션이 주어졌다. 그리고 칼럼 대신 강의 후기를 자신의 블로그에 기록하는 것으로 대체했다.

성공중소벤처기업특강은 실제 기업체 CEO가 자신의 성공 노하우, 실패담, 반드시 알아야 할 기업가 정신 등을 특강 형태로 들려주는 수업인데 기업체의 CEO들은 강의가 끝난 후 많은 학생의 블로그에서 자신이 강의했던 내용을 검색할 수 있음에 놀라고 감동했다. 그 결과 자신이 받을 강사료를 학생들의 장학금으로 기탁하는 훈훈한 모습을 보여주었고, 이 수업을 들은 학생들에게는 입사 시 우선 혜택을 주겠다는 약속도 했다. 학생들 입장에서는 각 분야 CEO들을 한자리에서 만날 수 있고, 그들의 노하우를 듣고 기록함으로써 자신의 포트폴리오에 도움을 받을 뿐만 아니라 장학금까지 받을 수 있는 일석삼조의 기회였다. 기록을 통해 확실한 사람으로 인정받고 새로운 기회를 얻게 된 순간이었다. 최근영 원장님과 산학협력단의 박원균 팀장님의 배려로 300프로젝트의 학점 연계가 어떤 가치를 만들어낼 수 있는지를 시험해 볼 수 있었다. 이 책을 빌려 감사의 인사를 드린다.

이제 300프로젝트는 대학에 뿌리내리고 있다. 많은 대학에서 관심을 보이고 구체적인 제안도 오가고 있다. 실제로 2014년 남서울대학교로부터 정규 강의로 편성해 달라는 요청을 받아 '취업 준비와 사회 진출'이라는 제목으로 강의를 진행하기도 했다. 그런데 여기에 생각할 점이 있다. 300프로젝트를 통해 대학 취업률을 효과적으로 끌어올리기 위해서는 정규 강의만으로 부족하다. 다양한 도구를 연계해야 하고 참가 학생들의 성과를 관리할 코치나 퍼실리테이터_{회의나 교육 따위의 진행이 원활하게 이루어지게 돕는 역할}가 함께해야 한다. 이를 위해 일정 규모의 예산도 필요하다. 이렇게 판을 벌일 수 있다면 이제 남은 것은 시간이다. 빨리 적응하는 학생은 성과를 보여줄 것이고, 관리가 필요한 중간 그룹의 학생 역시 변하는 모습을 보여줄 것이다. 맹목적인 스펙 쌓기의 함정에서 벗어나 효과적으로 자신의 직업을 찾아가게 될 것이다.

세상이 원하는 진짜 인재는 이런 인재다. 자신이 진짜 좋아하는 일을 찾고, 그 일을 잘 해내기 위해 수없이 많은 시간을 훈련하고, 포기하고 싶은 순간에도 포기하지 않고 꿋꿋하게 그 일을 해내는 사람 말이다. 이런 사람들이 모여 하고 싶은 일을 프로젝트 단위로 하는 사회가 머지않은 미래 사회의 모습이다. 아니 어쩌면 코로나 때문에 이미 우리 곁에 와 있는 현재 사회의 모습인지도 모른다. 300프로젝트의 가치가 빛나는 이유가 바로 여기에 있다. 자신이 직접 경험한 내용을 데이터로 쌓아 증명 가능한 포트폴리오로 만들어 평생 자기 자신의 이름으로 살게 하는 힘을 갖게 하기 때문이다.

CHECK POINT

300프로젝트 실천을 위한 점검 포인트
사회가 원하는 인재가 돼라

우리 사회의 가장 큰 낭비 중 하나는 취업 현장에 있다. 기업에도, 구직자에게도 도움이 안 되는 스펙이라는 괴물이 점점 커지고 있다. 그러나 300프로젝트 참가자들은 자신의 길을 찾고 직장에서도 성과를 만들어낼 것이다. 우리에게 필요한 인재상을 보여주면서 그 심각한 낭비의 현장을 바로잡을 필요가 있다.

#04
영어는 글로벌 인재의 조건 중 하나일 뿐

"영어 시험을 잘 보는 사람이 아니라, 편하게 영어를 하면 됩니다. 사실 전문 영어는 그렇게 많은 영어 단어를 암기하지 않아도 가능합니다. 글로 벌 인재에게 필요한 영어는 토플 만점이 아닌 비즈니스에 능통한 영어입 니다. 영어로 프레젠테이션을 하고 상대방을 설득할 수 있으면 됩니다. 비 즈니스 영어는 발음이 좋고 나쁨에 의해 실력이 판단되는 것이 아니라 얼 마나 진심을 담아 좋은 정보와 제안을 할 수 있느냐에 달려 있습니다. 자 신에게 필요한 것이 무엇인지를 알고 그것에 관해 비판적 시각으로 자신 만의 기준을 정한 뒤 즐기면서 그 일을 하면 글로벌 인재가 될 수 있습니 다."

글로벌 인재 전문가이자 필리핀 소재 국제 공인 테스트 센터를 운영하 고 있는 이상명 원장의 말이다. 그는 지난 20년 동안 필리핀에서 TOFLE, IBT 외에도 다양한 국제 공인 테스트를 할 수 있는 테스트 센터를 운영하고, <더포럼>이라는 어학원에서 영어, 독서, 토론 등을 가르치면서 800여 명의 학생을 국내외 유수한 대학에 보낸 경험을 가진 글로벌 인재 전문가다. 대학이 원하는 인재나 기업이 원하는 인재가 같다는 것을 자신의 경험으로 알게 된 이 원장은 영어 성적만이 유일한 답이 아님을 필리핀에 온 학생과 학부모에게 알려주며 진짜 필요한 역량을 키울 수 있도록 애써온 것이다.

그중 하나가 15년 동안 매주 토요일에 하는 독서 토론이다. 입시에 모든 것을 걸고 필리핀에 오는 학생들은 책 한 권 제대로 읽은 적이 없고 오직 수험서와 영어 단어 외우기에만 올인한 경우가 많다. 그런 그들에게 책에서 발췌한 내용을 프린트해주고 다양한 시각에서 책의 내용에 대해 토론하는 시간을 갖는 것이다. 이 시간을 통해 이상명 원장이 주고 싶은 것은 관점을 바꾸는 것이었다. '왜'를 생각하게 하고, 남들이 다 그렇다고 할 때 다른 생각을 하게 하는 것이다. 필리핀에서 영어 실력 향상과는 직접 관련이 없는 것처럼 보이는 이 독서 토론을 지금까지 계속해오면서 그가 얻은 가장 큰 교훈은 바로 '자기 자신에 대해 생각하는 인재를 만들기 위해서는 책을 읽어야 한다.'는 것이다.

그런 것이 통해서일까? 300프로젝트의 취지를 듣자마자 필리핀에 있는 유학생들에게 필요하다며 함께 할 의사를 밝혔다. 책을 읽고, 정리하는 것까지는 했는데 그 과정을 기록하는 것은 생각하지 못했다면서 그 기록들을 토대로 대학이 원하는 포트폴리오를 만들 수 있다고 확신했다. 지금까지 홀로 학생들에게 필요한 포트폴리오를 만들어준 과정과 300프로젝트를 진행하는 과정이 거의 동일했기 때문이다. 그렇게 해서 2014년 8월 필리핀에 가서 300프로젝트 발대식을 하게 되었다.

필리핀 바기오에 있는 콘코디아 칼리지 바기오 캠퍼스에서 공부하는 한국 학생 대상으로 책을 읽고, 인터뷰를 하고, 글을 써야 하는 이유와 방법에 대해 알려주었다. 중학생, 고등학생, 대학생, 사회 초년생 등 다양한 연령대가 함께한 까닭에 그들의 마음속 깊은 곳을 제대로 건드려주지 못한 것 같아 아쉬웠다. 하지만 그들에게서 읽을 수 있는 공통적인 것은 '희망'이었다.

"영어만 하면 내 인생이 진짜로 좋아지는 걸까?"

"내가 원하는 삶은 어디에 있는 걸까?"

"이렇게 외롭게 공부하면서 내가 얻으려는 게 뭐지?"

뭘 하고 싶은지도 모르지만 일단 해야 한다고 해서 무작정 영어 시험을 준비하는 많은 학생을 보면서 이 시대 어른의 한사람으로서 미안함과 책임감을 떨칠 수 없었다. 사실 영어 이전에 이들에게 필요한 것은 영어 공부를 하는 이유를 아는 것이다.

> '왜 영어를 해야 하는가?'
>
> '무엇을 하기 위해 영어가 필요한가?'
>
> '영어를 얼마만큼 잘해야 내가 원하는 것을 이룰 수 있을까?'

세상을 무대로 내가 하고 싶은 일을 하기 위해 영어가 필요한 것을 이해한다면 분명 지금보다는 더 열정적으로 영어 공부에 몰입하게 될 것이다. 영어를 유창하게 구사하는 것이 내 꿈을 이룰 수단이라는 것을 알기 때문이다. 큰 꿈을 꾸는 사람들에게 300프로젝트는 더 큰 세상으로 가야 할 이유와 방법을 찾아주는 해법이 된다. 그저 필요할 것 같아 막연히 준비하던 영어의 늪에서 건져줄 명확한 근거가 될 테니까.

그 후 필리핀에 있는 학생들을 위해 공부하는 이유를 찾아주는 '나를 찾아가는 캠프', '나의 진로와 직업을 찾을 수 있는 테마 캠프'를 진행하기로 이상명 원장과 약속했고 그 약속을 지켰다. 코로나만 아니었다면 지금까지보다 더 많은 글로벌 인재가 배출되었으리라 생각해본다.

이제 글로벌 인재의 기준이 명확해지지 않았는가?

자신이 하고 싶은 분야를 알고, 나 아니면 안 될 전문성을 키우고, 세상을 무대로 막힘없이 소통할 수 있는 사람이 되는 것이 글로벌 인재가 되는 법이다.

CHECK POINT

300프로젝트 실천을 위한 점검 포인트
글로벌 인재도 결국 똑같다

해외 명문 대학에 진학하려 준비해본 사람들은 잘 알고 있다. 단순히 공부만 해서는 안 된다는 것을. 자기 자신에 대해 깊이 생각하고 자신만의 비전을 분명히 하며 그를 위해 어떤 경험을 쌓고 있는지 보여줘야 한다. 300프로젝트는 참여하는 것만으로 글로벌 인재에게 요구하는 역량이 만들어 진다.

#05
불안한 미래, 스스로 미래를 만들어라

호모 헌드레드 시대는 유엔의 「세계 인구 고령화」라는 보고서에 등장한 용어로 평균 수명이 80세 이상인 고령화 시대를 지칭해 만든 신조어다. 이젠 100세를 넘겨 산다는 게 당연하게 받아들여진다는 뜻이다. 평균 수명 60~70세에 맞춰 살아온 우리 아버지 세대의 가르침이 더는 유효하지 않은 이유다.

19세기 산업화시대에는 무조건 열심히 일하면 먹고사는 문제를 비롯하여 길지 않은 노후를 어느 정도 준비할 수 있었던 블루칼라 노동자가 대세였지만, 20세기 정보화시대에는 자격증을 토대로 고도의 정신노동을 하는 화이트칼라 노동자가 일반적이었다.

산업화시대	>	정보화시대	>	지식창조시대
19C 단순 육체 노동자		20C 정신 노동자		21C 아이디어 노동자

그런 일자리 대부분을 자동화, 값싼 해외 노동자, 인공지능 로봇이 차지하면서 심각한 일자리경쟁시대에 직면하게 되었다. 그러다 지식창조시대라 불리는 21세기는 아이디어 노동자인 골드칼라 노동자로 살아야 하는데 어지간한 지식은 검색 몇 번이면 확인할 수 있고, 어중간한 실력은 스마트한 로봇들이 대체해버렸다. 거기다 코로나 때문에 출근하지 않는 직장문화가 일반적이 된 이제 더는 과거의 방식이 통하지 않게 되면서 할아버지, 아버지 세대조차도 어떻게 해야 할지에 대한 정답을 잃어버렸다.

회사가 자신의 미래를 책임져주지 않기 때문에 스스로 자신을 책임져야 하는 시대다. 사회나 학교 여기저기서 들려오는 이야기는 '자신의 꿈을 찾아라.', '좋아하는 것을 해라.', '창의인재가 돼라.'는 식의 애매모호한 지시어 일색이다. 교과서나 책에서 알려준 지식이 고작이던 사람들에게 스스로 가치 있는 지식을 만들라는 것은 평생 농사만 짓던 농부에게 책상에 앉아 책을 쓰라는 것과 같은 황당함 그 이상일 것이다.

성공의 사다리를 오르는 사람들에게는 앞에 오르는 사람이 기준이고, 넘어야 할 산이었다. 직장이나 사회에서 성공하려면 나보다 남을, 상사를, 회사를 위해 살아야 했다. 이 일이 끝나면 저 일을 하면 된다고 정답을 가르쳐주던 방식에 익숙한 사람들에게는 자신의 꿈이 무엇인지, 내가 무엇을 좋아하는지는 중요하지 않았다. 먹여 살려야 할 부모가 있었고, 자식이 있었고 배우자가 있었다. 아무리 피곤해도 눈을 뜨면 정해진 시간에 출근해야 열심히 사는 것을 증명할 수 있었던 사람들에게는 나의 마음 따위는 중요하지도, 신경 쓸 겨를도 없는 사치에 속했다.

그러던 어느 날, 회사에 뼈를 묻으려던 사람들에게 사회는 이렇게 말했다.

"이제 스스로 자신의 인생을 사세요."

자신의 의지와 상관없이 안정적인 직장 밖으로 내몰리고 있는 사람들은 그 빽빽한 자영업 시장 속으로 몸을 들이밀었다. 다른 선택의 여지가 없기 때문이다. 2019년 기준, 우리나라 자영업자 비중은 전체 근로자의 24.6%로 경제협력개발기구(OECD) 국가 35개 중 6번째로 높다. 주요 선진국 G7과 비교하면 최고 수준이라고 할 수 있다. 이는 그나마 개선된 수치인데, 최근 코로나19 사태로 인한 충격까지 더해져 자영업자의 생계는 더욱 어려워지고 있다. 한 해 문을 닫는 치킨집만 7,000개에 달한다고 한다.

사회가 각박해지니 자기계발 서적이 많이 팔리고 외국어를 비롯해 자신의 경쟁력을 높이려고 노력하는 사람들이 많아졌다. 강연장이 아닌 강연 영상이나 온라인 강좌를 찾아가고 자격증을 따고 사내 MBA를 수강하는 등, 다양한 활동에 매진하는 사람들의 모습을 어렵지 않게 만날 수 있다. 특히 책을 쓰면 인생이 바뀐다는 이유로 너도나도 책 쓰기에 열을 올린다.

요즘은 책을 읽는 독자보다 책을 쓰는 작가가 더 많아 보인다. 그러니 책이 팔리지 않는 게 어찌 보면 당연한 게 아닌가 싶다.

하지만 정작 자신이 원하던 답을 찾기는 쉽지 않다. 준비 없이 부랴부랴 시작한 자영업은 잠시 반짝할 수 있을지는 모르지만 오랜 고생길을 각오해야 한다. 자기계발서나 동기부여 강연을 아무리 뒤져봐도 가야 할 길은 쉽게 보이지 않는다. 당연하다. 쉬웠다면 그 많은 사람이 여전히 답을 못 찾고 헤맬 리가 없지 않은가. 그럼 길은 어디에 있는가.

브랜드 매니지먼트 엠유를 운영하는 이 책의 공저자 조연심 작가는 과거에 Y 학습지 회사의 교사, 지국장, 국장을 거쳐 본부장을 역임했고, 국내 최초 전화 영어 회사의 운영 책임자였고, 마케팅 교육 회사 부장이었다. 하지만 마흔을 앞둔 나이에 자의 반 타의 반으로 그 어디에도 속하지 않는 무소속 프리랜서가 되었다. 회사에 뼈를 묻을 것처럼 일했고, 영원할 것 같던 건강과 맞바꿔가며 열심히 일했지만 '도와달라', '성공하게 해주겠다'는 다른 사람들의 말만 믿고 아무 생각 없이 '그러마' 했던 결과였다. 서른에 일을 시작해 그 분야 최고가 되었지만 이직 몇 번을 하고 결국 홀로 남겨진 나에게는 자신이 누구인지, 무슨 일을 잘하는지, 어디에 소속되어 있는지를 증명할 그 어떤 것도 남아있지 않았다. 지금까지 자신이 선택한 길이 아닌 회사가 정해준 길을 한눈팔지 않고 달린 결과였다. 결국 스스로 꿈꾸지 않으면 다른 사람들의 꿈의 들러리로 살다가 원하지 않는 때에 퇴장해야 한다는 것을 깨닫는 혹독한 시간을 보낸 셈이다.

'조연심, 너는 도대체 어떤 사람이 되고 싶은 거니?'

그래서 스스로를 다시 정의해야만 했다. 살고 싶은 인생은 무엇인지, 무슨 일을 잘할 수 있는지, 얼마나 성실한지, 어떤 사람들과 함께 있는지를 직접 보여주어야 했다. 단, 누구나 검색 가능한 온라인 데이터여야 했다. 스스로를 고용한다는 다짐으로 평생 잘리지 않을 '조연심 컴퍼니'에 입사했고 해마다 자신이 살아낸 그대로를 담은 책 한 권을 발간하겠다고 약속했다. 살아남기 위해 퍼스널 브랜딩을 해야 하는 순간의 연속이었다. 그렇게 자신의 퍼스널 브랜드 인지도와 영향력을 끌어올리기 위한 300프로젝트를 시작했다.

무슨 일이든 퍼스널 브랜딩과 관련된 일이라면 닥치는 대로 하면서 블로그에 기록을 시작했다. 기록하기 위해 책을 읽었고, 필요한 사람을 만났고, 목적이 있는 칼럼을 썼다. 그 글들을 토대로 지금까지 열 권의 책을 낼 수 있었다. 여성가족부 한국양성평등교육진흥원, <한국직업방송>, <조현정의 굿모닝팝스>, 『연합뉴스』, 우크라이나 『비즈니스우먼』 인터뷰, 조선일보 자매지 『탑클래스』 및 인터뷰 전문잡지 『위클리피플』 표지 모델은 물론, 삼성전자, 행정안전부, 클래스101, TEDxYeonsei- University, 고양시청, 부평 유유기지, 연세대학교, 숭의여자대학교를 비롯한 수많은 곳에서 퍼스널 브랜딩 특강과 컨설팅, 인터뷰를 이어가고 있다. 그렇게 10년이 넘는 시간을 견딘 결과 퍼스널 브랜딩 분야의 시조새라는 별명도 얻었고, 이 분야의 베스트셀러이자 스테디셀러인 『퍼스널 브랜딩에도 공식이 있다』 책의 저자가 되었다. 그간의 경험이 담긴 블로그를 통해 강의, 칼럼, 인터뷰, 토크쇼 의뢰가 들어왔고, 무슨 일을 하는지를 제대로 보여줄 기회가 더 많이 주어졌다. 이 모든 것이 도전하고 경험한 것들을 기록하면서부터 가능해진 것이다.

"내 이름으로 살고 싶다."

자신의 이름으로 살고자 하고 자신의 길을 걷는 사람들은 분야가 달라도 자신의 경험을 지식으로 전환시키는 방법을 알고 있었다. 자신의 이름으로 사는 사람들은 어떤 방식으로든 자신의 경험을 기록해 왔다. 책을 발간하거나 음반을 내거나 전시회를 하거나 대회에 나갔다. 그 일련의 과정들이 하나둘 쌓여 자신이 누구인지, 어떤 일을 하는지, 얼마나 잘하는지를 보여주는 포트폴리오가 되었다. 그렇게 호모 헌드레드 시대에 불안하지 않은 삶을 사는 방법을 터득하게 되었다.

300프로젝트 실천을 위한 점검 포인트

내 이름으로 살고 싶은가 자문하라

호모 헌드레드 시대에 접어들었다. 미래를 책임져주는 사회는 없다. 준비 없이 내몰리면 위험해진다. 자신의 이름으로 살아갈 준비가 반드시 필요하다. 이를 해낸 이들은 경험을 지식으로 전환시키는 데 성공했다.

#6

무엇으로 나를 보여줄 것인가?

우리는 평범한 직장생활, 대학생활, 인생 설계의 함정과 그 위험성을 살펴보았다. 그리고 직장인이라면 스스로 고용할 만큼 노력하고 있는지, 고등학생, 대학생이라면 스스로 채용될 만큼의 준비가 되어 있는지, 장기적인 인생 설계를 한다면 자신의 이름으로 살아가려는 마음을 먹고 있는지 점검할 필요성을 이야기했다.

각자가 처한 상황은 다르지만 우리가 준비한 대안의 출발점은 같다. 그것은 바로 이것이다.

> 나의 성장을 담을 그릇으로 블로그를 운영하라.

앞으로 하나하나씩 블로그에 공을 들여야 하는 이유를 설명할 것이다.

우선은 단 하나만 기억하자.

> **나에겐 나를 보여줄 포트폴리오가 필요하다.**

글로벌 창의인재 양성 300프로젝트는 이런 고민에서 시작되었다. 기업과 사회가 원하는 인재라고 증명할 방법은 무엇일까? 사회에서 성공한 인재라고 인정하는 사람들의 공통점은 무엇일까 생각했다. 그들 대부분은 독서를 즐겼고, 훌륭한 멘토를 만났고, 글쓰기를 중히 여겼다. 약속을 잘 지켰고, 성실했고, 실력도 갖추고 있었다.

그렇다면 학창 시절 동안 책도 읽고 사람도 만나고 전문성도 키울 수 있는 방법은 뭐가 있을까?

그리고 어떻게 하면 그 모든 경험을 기록으로 남겨 개인의 성실함, 열정, 능력을 증명하는 포트폴리오가 되게 할까?

대학 4년 동안 자신의 블로그에 자신의 전공에 맞춰 100권의 책을 읽고 리뷰를 쓰고, 그 분야에 관련된 사람 100명을 만나 지혜를 얻고, 100개의 자기 생각을 정리한 칼럼을 쓴 후 면접에서 당당하게 말해보라.

"제가 이 회사에 들어오기 위해 지금까지 관련 분야 책 100권을 읽어 기초 지식을 쌓았고, 이 분야의 고수 100명을 만나 일을 잘할 수 있는 지혜를 얻었으며, 제가 하고 싶은 일에 대한 저의 기획과 생각들을 100개의 칼럼으로 정리해보았습니다. 대학 4년 동안의 저의 모든 경험이 제 블로그에 담겨 있습니다. 이 회사에서 제가 경험한 것들을 실전에서 펼칠 기회를 주십시오."

당신이 면접관이라면 영어 900점 맞은 사람보다는 300가지 경험을 한 사람을 채용하지 않겠는가? 그렇게 300프로젝트가 기획되었다. 자신의 꿈이나 분야에 맞게 100권의 책, 100명의 인터뷰, 100개의 칼럼을 블로그에 기록하여 자기발전 포트폴리오를 만들게 하자는 프로젝트이다.

300프로젝트는 그 어떤 사람과 견주어도 밀리지 않는 경쟁력 있는 사람으로 거듭나기 위한 프로젝트인 것이다.

300프로젝트는 취업과 창업을 준비하는 사람, 개인 브랜드를 만들고자 하는 사람, 체계적인 온라인 포트폴리오를 만들고 싶은 사람, 자신의 재능과 정체성을 찾고자 하는 사람, 열정을 가지고 성실하게 전문가의 안목을 키우고 싶은 사람. 이들에게 단 한 가지를 주기 위함이었다.

> 경험을 기록으로 만들어 온라인 포트폴리오를 완성하는 것.

늘 같은 행동을 반복하면 기록할 거리가 없다. 그래서 기록할 기준을 제시한 것이다. 자신의 목표에 맞게 100권의 책을 읽고, 100명을 인터뷰하고, 100개의 칼럼을 써야 300프로젝트가 완성된다. 그것도 혼자 보는 노트나 다이어리가 아닌 언제 어디서나 누구나 볼 수 있는 블로그에 기록해야 한다. 어떤 사람은 300이라는 기준이 너무 부담스러워서 시작할 엄두도 못 낸다고 했다. 도달하기 쉬운 목표를 주면 어떻겠냐는 의견도 많았다. 그래서인지 2012년 11월 발대식을 시작한 이래 아직까지 300을 달성한 사람은 없다. 그렇다면 300프로젝트는 실패한 것일까?

그렇지 않다. 300프로젝트의 성공담이 한결같이 증명하는 것은 '완주' 이전에 '성공'이 시작된다는 것이다. 이에 관해서는 다음 장에서 그 원리와 함께 상세히 살펴볼 것이다. 또한 300개가 너무 많아 부담스럽다고 하는 이들도 300프로젝트의 취지와 방법은 문제 삼지 않았다. 현대 사회가 필요로 하는 인재가 되기 위해서는 책을 읽고, 사람을 만나고, 글을 써야 한다는 것에는 이의가 없다는 말이다. 또한 300프로젝트의 진정한 의미를 알고 있는 나로서는 오히려 더욱더 300개라는 상징적인 목표를 유지해야 한다고 생각하게 되었다. 다른 사람에게 자신을 소개하고 설득하고 싶다면 그에 합당한 데이터를 제시해야 한다. '나름대로' 최선을 다하는 것이 아니라 누가 보더라도 인정할 수 있는 기준 말이다. 디지털상에서의 성실은 숫자로 증명 가능하다. 무엇을 하던 한 번보다는 열 번, 열 번보다는 백 번을 한 사람이 성실하다고 볼 수 있지 않은가.

　하지만 현재 고등학생이거나 사회 초년생, 자신의 관심 분야를 찾지 못한 사람이라면 자신만의 기준으로 300프로젝트를 수행해도 좋다. 3권의 책-3명의 인터뷰-3개의 칼럼을 쓰는 333프로젝트, 555프로젝트, 888프로젝트, 30프로젝트(10-10-10) 등 다양한 목적에 맞게 프로젝트의 수위를 조절할 수 있다는 게 300프로젝트의 매력 중 하나다.

　300프로젝트에서 자신이 수행하고 기록한 데이터는 자타 모두에게 성실성, 실력, 기획력, 추진력, 열정 등을 명확하게 보여주는 바로미터다. 분야별로 각각의 기준에 도달하기 위해 노력하면서 스스로 성장하도록 설계된 300프로젝트는 한 번 완성했다고 해서 끝나는 것이 아니라 새로운 목표를 가지고 언제든 다시 시작할 수 있다. 한 번 300의 기준을 넘은 사람은 마음만 먹으면 얼마든지 원하는 결과를 만들어낼 수 있다. 42.195km 마라톤을 완주한 사람이 언제든 다시 마라톤 풀코스에 도전하여 완주하는 것처럼 말이다.

CHECK POINT

300프로젝트 실천을 위한 점검 포인트
일단, 300프로젝트를 시작하라

무엇으로 자신을 보여줄 것인가?
300프로젝트는 이 질문에 대한 완벽한 답이다.

청소년을 위한 300프로젝트

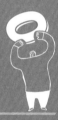

3장.
300프로젝트, 필승 원리

300프로젝트는 단순 무식하다.

100권의 책을 읽고 100명을 찾아 인터뷰하고 100개의 자기 글을 쓴다.

혼자만의 생각으로는 엄두조차 내지 못할 대담하기 짝이 없는 도전이다. 그런데 이런 단순 무식한 도전이 삶을 근본적으로 변화시킨다.

오해하지 말자. 삶의 변화는 이 모든 도전 과제를 다 해내야만 찾아오는 것이 아니다. 변화가 찾아오는 이유는 바로 300프로젝트의 바탕에 깔린 필승 원리가 작동하기 때문이다. 이제 그 원리들을 만나보자.

#01
되든 안 되든 일단 시작한다

"뛰어난 이들은 하나같이 책을 많이 읽었더라고요. 책을 읽어야 한다는 생각은 늘 머리에 있지만 책 읽을 시간을 내기가 쉽지 않네요."

"글을 잘 쓰는 사람이 부러워요. 저도 언젠가 제 책을 한 권 내고 싶은데 글재주가 없다는 것이 발목을 잡네요. 어떻게 하면 글을 잘 쓸 수 있을까요?"

"인맥이 다양한 사람을 볼 때면 저도 이대로 있어서는 안 된다는 생각을 하죠. 좋은 강연 찾아다니며 듣고 좋은 모임 참여하는 식으로 인맥을 넓히고 싶어요. 하지만 늘 그 시작이 어렵네요."

"저는 무언가를 해야겠다는 생각만 있지 한 가지 관심 분야를 정하는 게 어려워요. 그것만 정해지면 뭐든 열심히 해볼 생각은 있는데요."

자기계발과 성장에 관심 있는 이라면 누구나 공감할 고민들이다. 300 프로젝트가 가진 놀라운 점은 이처럼 고민만 하던 이들을 일단 출발시킨다는 점이다. 자신의 전문 분야에 대해 생각해본 적이 없어 막막하다고 해도 누구나 읽고 싶었던 책과, 만나보고 싶었던 사람은 있는 법이니까. 그렇게 시작한 이들이 하나둘 블로그에 글을 올리기 시작하고, 조금씩 관심 분야를 좁혀가다가 마침내 자신의 분야를 정한다. 이런 과정들을 무수히 지켜보며 깨달은 것은 일단 행동부터 하는 것이 유용할 때가 의외로 많다는 것이다.

"권태를 쫓기 위한 시도에서 나는 '참여가 관심보다 먼저'라는 원칙을 기억하면 크게 도움이 된다는 사실을 알게 되었다."

『절망이 아닌 선택』의 저자 심리학자 디오도어 루빈의 말이다. 이 대목에서 그가 제시한 것은 권태를 극복하기 위한 방법이지만 우리는 이를 자기계발의 차원으로 고스란히 적용할 수 있다. 즉, 지금의 자신을 바꾸고 싶다면, 가만히 앉아 관심 가는 것이 나타날 때까지 기다리기보다는 일단 무엇에든 참여해보는 것이 좋은 계기가 된다는 말이다.

"제가 300프로젝트를 시작할 때만 해도 관심 분야라고 할 만한 게 없었어요. 그냥 좋다고 생각되는 책을 집어 들었고 막연히 만나고 싶은 분을 찾아가 인터뷰를 했습니다. 그런데 이것이 저로 하여금 첫발을 떼게 한 중요한 계기였어요. 300프로젝트가 아니었다면 저는 허송세월하며 정말 많은 시간을 허비했을 거예요. 그래서 저는 이것이 300프로젝트가 가진 진정한 힘이라고 생각합니다." - 참가자 인터뷰

300프로젝트 초창기 멤버로서 이제는 자기계발 강사로서 제법 자리를 잡아가는 D의 고백이다. 어떤 일이든 첫발을 내딛는 것은 생각보다 어렵다. 하물며 자기를 찾아가는 여정이라면 오죽할까.

300프로젝트 필승 원리 그 첫 번째는 '일단 시작하게 만든다.'는 것이다. 책 리뷰부터 시작하겠다고 결심했다면 그냥 하면 된다. 연필을 들고 읽으려고 생각만 했던 책을 집어 들어 펼친다. 그리고 자신의 생각과 감정을 담아 블로그에 기록한다. 잘하고 못하고는 다음 문제다. 컴퓨터가 인식할 수 있는 데이터 하나가 쌓인 것으로 충분하다. 사진 하나, 글 몇 줄이라도 쓰기 시작했는가? 굿! 어떤가, 아주 쉽지 않은가? 그렇게 자신과의 작은 약속들을 차곡차곡 쌓아가는 것이 300프로젝트다. 옛말에 시작이 반이라고 했다. 그 절반, 이젠 그대의 것이다. 필승 원리가 작동하기 때문이다. 이제 그 원리들을 만나보자.

300프로젝트 실천을 위한 점검 포인트
시작하면 고민의 반은 해결된다

읽고 싶은 책을 집어 들거나 뵙고 싶었던 분께 인터뷰를 청하거나 관심 있는 주제로 글을 쓰면 된다. 그렇게 자기를 찾아가는 여정이 시작된다.

ACTION

지금 당장 실천할 수 있는 것 한 가지와 프로젝트 시작일을 적어보자.

✏ 프로젝트 시작일

              년   월   일

✏ 실천할 수 있는 것

#02
책 읽는 목적을 분명히 한다

청춘에게 독서가 지하실 창문을 통해 달을 바라보는 것과 같다면, 중년에게 독서는 자기 집 뜨락에서 달을 즐기는 것과 같고, 노년에 이르러 하는 독서는 드넓은 대지에서 달과 하나 되는 것과 같다.

책을 읽어야 한다는 생각, 늘 갖고 있을 것이다. 요즘 독서를 위한 책도 많고 주변에 온라인 독서 모임도 생겨나고 있고, 독서지도사는 물론 독서 멘토라는 직업도 각광받고 있다. 출판 불황이라고는 하지만, 여전히 나름의 독서 방향을 찾으려는 이들은 많다. 사회가 각박해지고 미래에 대한 불안감이 점점 커지다 보니 이에 비례해 자기계발 욕구 또한 커지고 있어서일 것이다.

독서 전문가들은 독서라고 해서 모두 같은 게 아니라고 강조한다. 독서를 크게 두 가지로 구분해보면 취미로 하는 독서와 목적이 분명한 독서로 나눌 수 있다는 것이다. 취미로 하는 독서는 영화나 드라마를 보거나 운동하는 것처럼 그야말로 여가 시간을 즐기는 개념이다. 주로 소설이나 에세이, 인문 교양, 만화 등을 읽는 것인데, 이 중 편식하듯 한 분야만 읽는 경우도 있고, 베스트셀러처럼 남들이 많이 읽는 책을 분야 상관없이 읽는 경우도 있다.

하지만 목적이 분명한 독서는 취미로 하는 독서와는 다르다. 독서 자체가 목적이 아니라 다른 무언가를 얻기 위한 수단이다. 그러다 보니 책을 고르는 데 있어서도 이유가 분명하다. 목적이 분명한 독서 중에서도 과제준비나 취재 등, 현재 자신이 하는 일과 관련해 책을 읽는 경우도 있겠지만 전문성 강화, 인지도 향상 등 미래 자신의 가치를 높이기 위한 독서도 있다.

책은 단 한 권을 읽어도 좋은 것이지만, 많이 읽을수록 좋다는 것도 부인할 수 없는 사실이다. 이는 두뇌라는 것이 가지는 특성 때문이다. 한 분야를 정해 공부를 한다고 해보자. 정보와 지식은 두뇌에 일정량이 쌓이기전까지는 지혜라기보다는 그냥 지식이 켜켜이 쌓이는 덧셈 식으로 모인다. 그러다가 어떤 선을 넘어 정보와 지식이 축적되면 그때는 폭발 같은것이 일어난다. 정보와 지식이 체계적으로 정돈되고 그 사이의 유기적 연관성이 보이면서 자신만의 지혜와 통찰력이 만들어진다. 그 과정에서 책을 읽는 속도도 엄청나게 빨라진다. 지혜와 통찰력이 강화되는 속도도 그만큼 더 빨라지는 것이다.

그렇기 때문에 지금의 삶을 벗어나 스스로 성장하려면 다음과 같은 두 가지 요소를 가진 독서를 해야 한다고 할 수 있다.

> 📌 전문성을 높여줄 수 있는 목적이 분명한 독서
> 📌 일정 분량 이상을 집중적으로 읽어내는 독서

독서의 측면에서 300프로젝트 필승 원리 두 번째는 바로 여기에 있다. 평소 책을 즐겨 읽는 사람은 물론 책을 전혀 읽지 않았던 사람도 300프로젝트를 수행하는 과정에서 이 두 가지 요소를 자연스럽게 얻을 수 있기 때문이다. 100권 읽기에 도전하는 것이기 때문에 '일정 분량을 읽는다'는 목적에는 쉽게 도달할 수 있다고 한다면, '전문성을 높여줄 수 있는 목적이 분명한 독서'를 '집중적으로 읽어내는 것'은 어떻게 가능한 것일까?

"300프로젝트가 끌렸던 것은 제가 좋아하는 독서를 마음껏 할 수 있다는 것이었습니다. 처음에는 다양한 책들을 읽고 리뷰를 올렸어요. 몰입, 잘됐죠. 그러다가 문득 정신을 차리고 보니 블로그의 정체성이 보이지 않았습니다. 자기소개엔 '마케터가 되고 싶은 사람'이라고 했는데, 읽고 있는 책들은 별로 상관이 없었습니다. 혼란스러웠죠. 블로그 콘셉트를 다시 생각해야 했습니다. 그러다 문득 엉뚱한 생각이 떠올랐습니다. 저는 다양한 책 읽기를 좋아합니다. 그렇다면 다양한 분야를 알아야 하는 '마케팅'을 기준으로 책을 읽어보면 어떨까 한 거죠. 우선 제 마케팅 전공을 살려 출판 마케팅에 도전하고 싶었습니다. 그 뒤로는 읽어야 할 책들이 확연히

보이기 시작했어요. 베스트셀러를 읽을 때도 보는 관점이 이전과 달라졌습니다." - 참가자 인터뷰

300프로젝트는 블로그에서 활동한다. 그런데 블로그는 형식이 통일되어 있다. 네이버, 다음, 티스토리 등 어느 블로그를 가보아도 작성하는 사람이 어떤 전문성을 가졌는지 쉽게 파악할 수 있는 구조로 되어 있다. 다음의 세 가지를 보면 된다.

> 📌 블로그 주제를 압축해 표현하는 제목
> 📌 블로그 운영자의 자기소개(프로필)
> 📌 게시글들을 분야별로 구분하는 카테고리

300프로젝트 참가 중인 사람 누구라도 이 세 가지에 대한 고민을 지속적으로 해야 한다. 블로그 포스트가 늘어나면서 자연히 카테고리를 다양화하고 제목도 바꾸어 보고 프로필도 수정한다. 이런 작업을 몇 번씩 하는 과정에서 블로그의 정체성이 조금씩 윤곽을 드러내는데 그것이 자신의 정체성이기도 한 것이다. 정체성은 독서, 인터뷰, 칼럼 모두에 영향을 미친다. 어떤 책을 읽고 누구를 만나고 어떤 글을 쓸 것인지 좀 더 명확히 하는 것이다. 그중에서도 가장 먼저 찾아오는 것이면서 300프로젝트 참가자들의 변화를 가장 잘 보여주는 게 책 선정 과정이다.

"300프로젝트를 통해 저는 개인 브랜드를 가져야겠다는 생각이 강해졌습니다. 저도 처음엔 다른 분들처럼 자기계발서나 베스트셀러를 읽고 리

뷰를 했는데요. 이제는 한 가지 분야에서 저의 전문성을 쌓는데 300프로젝트를 활용하기로 결심했습니다. 아직은 결심만 했고 현재 두 분야 중에서 어느 분야로 할지 결정은 못 했습니다. 하지만 두 분야 모두 읽어야 할 책들이 만만치 않습니다. 덕분에 어느 쪽을 고르더라도 책 리뷰 미션은 당분간 걱정하지 않아도 될 것 같습니다." - 참가자 인터뷰

참가자들의 자연스러운 변화가 느껴지는가? 300프로젝트는 블로그에 기록된다는 특성이 있어, 목표를 좁혀나가는 데 강력한 힘을 발휘한다. 무슨 책을 읽어야 하는지 모르겠다던 참가자들이 저마다 목적이 분명한 독서를 집중적으로 하게 되는 것을 곁에서 지켜보는 것은 프로젝트 매니저가 누리는 보람의 하나다. 이제 그 원리들을 만나보자.

CHECK POINT

300프로젝트 실천을 위한 점검 포인트
프로젝트 방향은 충분히 수정한다

무조건 블로그를 운영해야 한다. 이 과정에서 블로그 제목, 프로필, 카테고리를 수정하는 일이 반복된다. 이러한 반복 과정에서 자기 정체성이 강화된다. 독서도 목적이 있는 독서로 진화한다. 일정 분량 이상 집중적으로 읽게 된다. 300프로젝트가 방향성을 잡으면서 업그레이드된다.

나의 관심 분야는 무엇일까?
지금 머릿속에 떠오르는 모든 단어를 자유롭게 적어보자.

내가 적은 단어 중 가장 관심이 가는 단어 세 가지를 선정한 후,
그 단어를 주제로 떠오르는 생각을 문장으로 적어보자.

1)

2)

3)

#03

기록은 나를 변하게 하는 열쇠이다

다음 두 문장을 비교해보자.

> a. 그냥 책 한 권을 읽었다.
> b. 서평을 쓰기 위해 책 한 권을 읽었다.

똑같이 한 권의 책을 읽었다. 하지만 느낌은 완전히 다르다. 그 차이는 어디에서 오는 것일까? 그건 기록 여부이다. 서평은 책을 읽고 자신의 평을 남기는 것인데, 이를 위해서는 대충 읽을 수가 없다. 기록을 해야겠다고 생각한 이상, 그 누구라도 태도가 달라질 수밖에 없는 것이다. 다음의 경우에 대입해보자.

> a. 녹음을 위해 노래를 한다.
> b. 녹화를 하며 강의를 한다.
> c. 대담집을 남기기 위해 대화를 한다.
> d. 기록을 남기며 운동을 한다.

기록하면 영원히 남는다. 그러니 솔직히 말해 편안하지 않고 부담스럽다. 실수하면 다시 해야 한다. 그런가 하면 기록을 했는데 그 결과가 기대만큼 나오지 않는 것도 부담이다. 그래서 기록은 더 잘할 때 해야 하는 것이라고 미루기 십상이다. 하지만 어떤 이유에서든 기록을 해야만 하는 상황이 되면 어떤가. 우선 마음 자세부터 달라져 평소라면 아무 생각 없이 하던 일도 이모저모 더 잘하려고 궁리를 하게 될 것이다. 전체적인 윤곽도 잡아보고, 세부적인 부분까지 한 번 더 챙기지 않을 수 없을 것이다. 그런데 이런 고심을 하다 보면 묘한 설렘과 기대감이 생기는 것을 느끼게 될 것이다. 그리고 상황이 시작되면 그 집중도는 또 어떤가. 평소와 전혀 다를 것이다. 그래서 결과가 더 좋아졌든, 반대로 긴장 때문에 평소보다 못하게 되었든 그것은 상관없다. 여기서 주목할 것은 기록이라는 조건 때문에 생기는 우리 자신의 변화이다.

300프로젝트, 무조건 시작해야 한다고 했다. 그 첫머리에서 이러한 기분 좋은 변화를 체험해보자. 나의 태도와 노력이 눈에 띄게 달라지는 것을 확인하게 될 것이다.

300프로젝트가 삶을 변화시키는 세 번째 원리는 '기록을 위해 한다'는 것이다. 여기서 주의할 점이 있다. 다음의 두 문장을 차이를 주목해보자.

> a. 하루의 일과를 보낸 후 다이어리에 일일이 기록한다.
> b. 오늘 하루를 기록으로 남기기로 하고 일과를 시작한다.

메모나 노트, 일정 기록 등도 모두 기록의 범주에 들어가는 좋은 습관이다. 하지만 단순한 기록만으로는 충분하지 않다. a의 경우처럼 이미 평소와 다름없이 흘려보낸 하루를 기록으로 남겼다고 해서 무엇이 바뀌겠는가. 기록은 미리 계획되어야 하고, 그것을 염두에 두고 일을 시작해야 한다. 그래야 바뀐다. b의 경우는 그래서 다르다. 타성에 젖은 하루가 아니라 마치 카메라를 대동하고 하루 일과에 임하듯, 늘 깨어 있는 하루를 살아가게 될 것이다.

300프로젝트는 처음부터 끝까지 '기록'을 남기는 과정이다. 그리고 그 내용을 모두에게 공개한다. 부담도 따른다. 하지만 그 때문에 더더욱 우리의 태도와 노력이 달라진다.

"300프로젝트를 수행하면서 현재 100권 가까운 책을 읽었습니다만 만약 리뷰를 하지 않았다면 어땠을까 생각해보았습니다. 이렇게나 많은 책을 읽을 리도 없지만, 읽었더라도 꼼꼼히 읽지는 못했을 겁니다. 책을 선정할 때에도 리뷰를 해야 하기 때문에 자연히 더 신중해집니다. 좋은 책에서 좋은 리뷰가 나오더라고요." - 참가자 인터뷰

"인터뷰를 위해 정말 많은 준비를 합니다. 섭외도 어렵지만 만나서 이야기를 나눌 때도 준비가 미흡하면 정말 썰렁해지거든요. 준비를 한다고

해도 기록으로 남기고 나면 여전히 아쉬움이 남습니다. 그 아쉬움이 더 노력하게 하는 힘이 됩니다." - 참가자 인터뷰

"매일 칼럼 쓰는 훈련을 하고 있습니다. 이를 지키려면 하루 내내 생각을 하고 있어야 합니다. 소재가 어디에서 나올지 모르기 때문입니다. 음성이든 글이든 휴대전화에 메모하는 습관도 그것 때문에 생겼습니다." - 참가자 인터뷰

이들의 이야기를 우리 인생의 차원으로 넓힌다고 생각하자. 그냥 하루하루 살아가는 것을 멈추고 지금부터 한 순간 한 순간을 기록하겠다는 마음으로 우리의 태도와 노력을 바꾼다고 생각해보자. 예를 들어 자서전을 쓰겠다는 생각도 좋다. 이런 간단한 상상만으로도 삶을 대하는 자세가 달라질 수 있다. 이것이 300프로젝트의 배경에 자리한 세 번째 필승 원리다.

오늘 나의 하루를 기록으로 남겨보자.

기록으로 남겨도 부끄럽지 않은 하루가 되려면
어떤 점을 개선해야 할지 적어보자.

_____

_____

_____

_____

_____

#04
성실한 글쓰기, 인생의 깊이를 좌우한다

　우리는 초등학교를 다니며 한글을 뗀다. 그중에서도 쓰기는 받아쓰기 훈련을 통해 익힌다. 그렇게 글쓰기를 배운 것이다. 쓰기가 성적과 연관되어 있었기에 배움에 어려움이 있었던 거였다. 하지만 어른이 되어서도 글쓰기는 여전히 어렵다. 글을 제대로 쓰려면 많은 훈련이 필요하기 때문이다. 300프로젝트에서는 책 리뷰를 하고 인터뷰 내용을 정리하며 자기만의 글을 쓴다. 모두 블로그에 글을 쓰는 작업이다. 그러다 보니 글쓰기 훈련이 되어 있는 사람들이 아무래도 유리하다. 하지만 처음부터 글을 잘 쓰는 사람이 과연 몇이나 될까? 많은 이가 300프로젝트를 시작하면서 글쓰기 때문에 어려움을 호소한다.

　"300프로젝트를 시작하면서 가장 크게 들었던 후회는 '왜 평소에 글쓰기 훈련을 하지 않았을까.'였어요. 생각은 머릿속에 맴도는데 그게 글로 잘 나오지 않는 거죠. 멋진 리뷰들을 보면 많이 자극이 되고, 나도 어서 저

런 글을 쓰겠다고 다짐합니다." - 참가자 인터뷰

300프로젝트 필승 원리 네 번째는 '꾸준히 글을 써야 한다'는 것이다. 글 쓰는 훈련이 저절로 되는 셈이다. 처음부터 자신이 쓴 글이 만족스러울 수는 없다. 많이 쓰다 보면 차츰 자신이 만족할 만큼 실력이 향상되는 것이다. 그런데 글이 마음에 든다는 것은 무엇일까? 멋 부리는 식으로 문장을 만드는 기교가 늘어난다는 것을 의미할까? 그렇지 않다. 글이 마음에 든다는 것은 다음과 같은 의미들을 담고 있다.

> 글에 담긴 자신의 생각이 마음에 든다.
> 생각을 제대로 담아낸 표현들이 마음에 든다.
> 군더더기 없이 조화로운 구성이 마음에 든다.

여기서 분명해지지만 글쓰기 능력은 다만 문장력 차원만이 아니라 지식의 폭과 깊이, 사고력, 기획력까지도 관련된 종합적인 능력임을 알 수 있다. 이런 능력을 갖추기 위한 방법은 오직 한 가지라 할 수 있다. 바로 꾸준히 쓰는 것이다.

300프로젝트가 사회운동으로 처음 발대식을 하던 날, 칼럼 멘토로 강단에 섰던 한 강사의 이야기다. 어떻게 하면 글을 잘 쓸 수 있는지 귀를 쫑긋 세우고 경청하는 도전자들에게 그는 일종의 반전 형식을 통해 메시지를 전했다. 처음엔 PPT 화면으로 칼럼 작성법을 상세히 설명해줄 것처럼 하다가 갑자기 전체 화면에 큰 X 표시를 한 후에 페이지를 전환해 다음과 같은 메시지를 띄웠다.

"다 필요 없다. 일단 써라."

폭소와 박수가 함께 나온 그 장면에서 정말 많은 분이 동시에 고개를 끄덕여주었다. 이어 그는 초보 블로거 시절 그가 썼던 글들을 있는 그대로 보여주었다. 부끄러운 글들이지만 그런 글들이 있었기에 조금씩 나아져 지금과 같은 블로거가 될 수 있었다고 말했다. 지금도 많은 300프로젝트 참가자가 그날의 강연을 기억한다고 말한다. 꾸준히 쓰는 길이 정답임을 공감했다는 의미일 것이다.

다른 측면도 있다. 글은 생각을 담아낸다. 그런데 생각을 담아내기 전의 글은 생각을 정리하게 해준다. 생각이 정돈되지 않으면 제대로 된 글이 나오지 않기 때문이다. 이 과정은 늘 힘들지만 그래서 또한 그만큼 우리가 성장하는 것이다. 글을 쓰며 더 많이 배우게 되는 것이다.

"처음엔 서평을 쓰는 것 자체가 엄청난 고역이었습니다. 책의 핵심을 읽어내는 훈련이 전혀 되어 있지 않았기 때문입니다. 이제는 책 읽는 속도도 빨라졌고, 핵심을 전체적으로 파악하는 능력도 많이 좋아졌습니다. 서평을 꾸준히 쓴 덕분이라 생각합니다." - 참가자 인터뷰

일단 쓰자. 꾸준히 블로그에 포스팅하면서 조금씩 자신의 글이 만족감을 주는 경험을 해보자. 그 경험이 또한 프로젝트에 대한 새로운 열의를 만들어준다. 만족감의 크기가 아주 조금씩밖에 늘어나지 않는다 해도 그 배경에서는 지식과 사고력, 기획력 같은 종합적인 역량이 늘고 있음을 기억하자.

CHECK POINT

300프로젝트 실천을 위한 점검 포인트
글쓰기를 통해 확장되는 인생의 깊이

생각을 있는 그대로 글로 쓸 수 있다. 지식의 폭과 깊이가 달라진다. 세상을 보는 틀이 생겨난다. 자신의 글에 만족감이 커진다. 가장 근본적이면서 중요한 역량을 키울 수 있다.

ACTION

나의 관심 분야와 관련된 책을 찾아보고,
서평을 남기고 싶은 책의 리스트를 작성해보자.

NO.	책 제목	저자	선정 이유
1			
2			
3			

#05
기대, 즐거운 스트레스가 되다

300프로젝트 초보자이자 새내기 블로거들이 공통적으로 두려워하는 것이 있는데 그것은 블로그에 쓴 글을 누가 와서 보면 어떡하느냐는 것이다. 300프로젝트 참가자 J도 그러했다.

"저는 아직 제 글솜씨에 자신이 없고 또 블로그 포스팅에 담을 내용도 빈약한데 남들이 와서 본다는 건, 생각만 해도... 어휴, 움츠러들게 돼요."

이런 분들에게 들려주는 이야기가 있다.

"걱정 마세요. 어떤 글을 올리시든 처음 한동안은 방문자가 전혀 없을 겁니다. 평소에 다른 블로거 찾아다니시거나 심지어 글에 대해 이러쿵저러쿵 평을 남기시나요? 그렇지 않으시죠? 바쁘시잖아요. 남들도 그렇습니다. 한가하게 남의 블로그에 와서 관심 가져주고 또 글을 꼼꼼히 읽어줄 시간이 없습니다."

J는 웃음을 터뜨리며 수긍했다. 부담감이 완전히 사라진 것은 아니지만 그 뒤로 포스팅을 하나씩 해가며 블로거가 되었다. 실제로 여러 개의 글을 포스팅했는데도 한동안 몇몇 지인 외에는 블로그 방문자가 없었다. 공연 예술 분야에 관심이 있었던 J는 처음부터 평론류의 글을 쓰기는 어려웠기 때문에 300프로젝트 형식에 맞게 책 리뷰와 분야 종사자 인터뷰를 해나 갔고, 새로운 공연이나 이벤트를 소개하고 개인적인 감상평을 올렸다. 시 간이 흘러 포스팅 숫자가 늘면서 방문자 수도 제법 늘었다. 많은 날은 하 루에 백여 명이 방문하기도 했다. 얼마 후 만났을 때 이에 관한 이야기를 나누었는데 J는 새로운 하소연을 했다.

"그동안 꾸준히 글을 올렸더니 방문자가 늘었어요. 그리고 이웃 추가를 하면서 제 글을 구독해주는 사람도 생겨났어요. 처음엔 신이 나고 으쓱한 기분이었어요. 그런데 이게 좋기만 한 게 아니에요. 정해진 날에 글을 올 려야 한다는 부담감이 생기고요. 또 글을 더 잘 쓰고 싶은 욕심이 점점 생 기는 거예요."

J를 축하해주었다.

"와, 지난번 저와 했던 이야기 기억하나요? 누가 읽으면 어쩔까 하는 걱 정을 했었죠. 축하합니다. 이제 독자를 가진 블로거가 되신 겁니다."

내 글을 읽어주는 독자가 생겼다.

이 말을 음미해보자. 이는 300프로젝트를 시작하는 이라면 누구나 누 리게 되는 행복한 순간이다. 독자들이 내 글을 읽고 필요한 정보를 얻고, 무언가를 배우고 또는 어떤 즐거움을 얻는다. 그리고 무언가를 얻은 만큼 반응한다. 그것은 '퍼가기'의 형태이든, '공감'을 클릭하는 것이든 댓글을 다는 것이든 다양하다. 이는 칭찬과 감사의 다른 표현이다. 댓글의 경우 설령 그것이 글을 긁어가면서 어쩔 수 없이 남기는 인사치레라 하더라도 이들이 던진 한마디 칭찬과 감사는 우리를 춤추게 한다.

방문자가 점점 느는 것에서도 우리는 의욕을 갖게 된다. 올리는 글이 이왕이면 더 많은 사람에게 읽혔으면 하는 마음은 자연스럽다. 그래서 우리는 글의 소재를 잡을 때에도 많은 이가 관심을 가질 분야를 생각하게 되고, 글을 다 쓴 다음에 제목을 정할 때에도 좀 더 고심하게 된다. 요즘은 모든 블로그 서비스가 방문자 통계를 제공하고 있다. 어떤 글이 가장 많이 읽혔는지, 또 어떤 검색어를 통해 내 블로그를 방문했는지를 쉽게 알 수 있다. 즉 이런 기술적인 뒷받침을 통해 다음의 노력이 가능해진다.

> 나의 관심과 세상의 관심 사이의 교집합을 키운다.

300프로젝트는 이러한 노력의 과정이다. 독불장군처럼 아무도 관심 없는 자기만의 이야기를 떠드는 건 공허하고, 자신의 관심사가 무엇인지 모른 채 세상의 관심사만 쫓아다니는 건 피곤하다. 둘 사이의 교집합이 생겨나기 시작하면서 나의 관심은 비로소 다른 이와 공감하는 가치를 얻게 된다.

'소셜퍼포먼스 리뷰 능력'이 대학 졸업장보다 더 가치 있게 받아들여진다는 이야기가 있다. 이 말은 온라인에 내가 올린 글이나 영상에 좋은 반응을 얻는 것도 능력이 된다는 의미다. 좋아요, 공유, 댓글, 구독자로 만들어지는 디지털 데이터는 내가 지금 잘 가고 있다는 증거로 충분한 역할을 한다. 물론 아직 반응이 시원찮아도 괜찮다. 세상의 관심과 너무 동떨어져 생긴 일시적 현상이라 여기면 된다. 결국 어떤 것이던 기록된 관심은 언젠가는 누군가의 관심이 된다.

독자는 이외에도 우리를 더욱 분발하도록 한다. 이들은 우리가 올린 글이 잘못되면 바로 알려준다. 때론 우리가 미처 몰랐던 내용에 대해 가르침을 주기도 한다. 이렇게 배운 것들을 가지고 글을 수정하는 것은 블로거에게 전혀 부끄러운 일이 아니다. 어느 부분을 어떤 분에게 도움을 받았다고 수정된 글에 표기하면 된다. 그런가 하면 독자들은 질문을 한다. 질문에 답을 하면서도 우리는 공부한다. 가볍게 생각하고 지나간 부분을 다시 정리하게 되고, 올린 글에서 불명확한 표현을 바로잡는다. 그리고 다음에는 실수를 줄이려고 노력하게 된다.

300프로젝트는 블로그를 기반으로 진행된다. 블로그엔 반드시 독자가 생겨난다. 처음에는 절대 오지 않을 것 같던 방문자들이 우리의 성장 과정에 맞춰 저절로 늘어난다. 정말 신기하다. 그래서 방문자를 블로그의 현주소를 보여주는 거울이라고 말할 수 있다. 300프로젝트 필승 원리 다섯 번째는 '이러한 독자들이 강력한 동기부여를 제공한다'는 것이다. 그래서 우리는 더 공들여 쓰려 하고 더 재미있게 표현하려 하며 더 많이 공감을 얻으려 노력한다. 그리고 어느 정도 궤도에 오르면 아무리 바쁠 때에라도 블로그를 꾸준히 하게 된다. 독자들의 기대를 저버릴 수 없어서다.

300프로젝트 실천을 위한 점검 포인트

독자의 비판은 뼈아프지만 나를 성장하게 한다

독자는 칭찬과 감사의 표시로 우리를 춤추게 한다. 관심의 양을 통해 관심받는 글을 쓰도록 만든다. 지적과 질문으로 빈틈과 실수를 줄이도록 한다. 암묵적 기대감으로 꾸준히 글을 쓰도록 한다. 그리하여 300프로젝트 성공의 도우미가 된다.

ACTION

독자들에게 소개할 나의 블로그를 꾸며보자.

🔍 블로그명, 프로필, 카테고리 정하기 ☆

블로그명

프로필

소개글

#06

안다는 건, 안목이 생겼다는 뜻이다

꿈이란 마음속 수많은 나 중에서 가장 위대한 내가 살아갈 앞으로의 모습을 말한다.

"자기 꿈을 분명히 말하는 사람을 보면 어떻게 저렇게 확신할 수 있을까 늘 궁금했어요. 저도 열심히 살면 그렇게 될 수 있을까요?"

살면서 꿈을 갖는 것은 자유다. 꿈을 가지라는 말에 거부감을 가지는 이도 있지만 아마도 대부분은 남들 앞에서도 말할 정도로 스스로 확신하는 그런 꿈을 갖고 싶을 것이다. 그 정도로 확신을 가진다면 그만큼 노력을 집중할 수 있을 것이고 흔들림 없이 한 길을 갈 것이기 때문이다. 그러면 자신이 원하는 삶을 성공적으로 살아갈 가능성도 현격히 높아질 것이다. 하지만 어떻게 하면 그렇게 될 수 있을까? 어려워지는 대목이다.

300프로젝트 필승 원리 첫 번째는 '일단 시작하게 만든다.'는 것이었다. 일단 시작한다. 이는 매우 중요하다. 책을 읽기 시작하고, 글을 쓰기 시작하고, 좋은 분들을 만나고 그러면서 배우고, 이 모든 과정이 '돌아가기 시작'하기 때문이다. 이렇게 돌아가기 시작하면 또 하나의 필승 원리가 작동한다. **여섯 번째 필승 원리는 '아는 만큼 보인다.'는 것이다.**

"직장인이지만 동기부여 강연가들의 강연을 많이 듣다 보니 저도 남들에게 도움이 되는 사람이 되고 싶었어요. 그래서 자기계발서를 읽기 시작했는데 처음 고른 책이 『꿈꾸는 다락방』이었습니다. 그리고 그 책에서 추천한 책들을 하나씩 읽어나가면서 자기계발서에도 수준차가 많다는 걸 알게 되었습니다. 그러다가 제 인생의 책이라 할 수 있는 『성공하는 사람들의 7가지 습관』을 읽게 되었는데, 큰 감동과 더불어 동기부여 강연가가 되기 위해선 더 많은 사회 경험과 제 나름의 성공이 필요하다는 것을 깨달았습니다. 작은 좌절을 겪었지만 대신 지금의 관심 분야를 정하게 되는 소득도 있었습니다. 소통커뮤니케이션 분야로, 지금 강사를 준비하면서 열심히 공부하고 있습니다." - 참가자 인터뷰

어떤 책을 읽어야 할지 모른다면 일단 관심 가는 책을 아무거나 집어 들자. 그러면 신기하게도 읽고 싶은 책들이 보인다. 그렇게 만나는 책들을 꾸준히 읽다 보면 그 분야가 전체적으로 보이기 시작한다. 즉 '아는 만큼 더 보이는 것'이다.

글을 써보는 것에도 이러한 원리가 적용된다. 글을 써보기 전에는 자신이 어느 쪽에 관심이 있는지, 또한 어느 정도 알고 있는지 정확히 모른다. 300프로젝트에 무작정 뛰어들었던 한 참가자의 이야기를 참고해 보자.

"칼럼을 몇 개 써보았는데 '과연 사람들이 읽을까?' 하는 회의가 들었어요. 그때 조연심 멘토로부터 키워드를 뽑아보라는 조언을 듣고 세 가지 선정한 것이 개인 브랜드, 여행, 기획이었어요. 그중에 개인 브랜드를 저의 관심 분야 1순위로 꼽아보았는데, 막상 그와 관련된 책을 거의 읽지 않았다는 것을 깨달았어요. '놀라운 발견'이었지요. 책을 20권 정도 선정하고 한 권씩 읽어나갔어요. 첫 책이 『자기다움』이었는데 키워드를 가지고 책을 보니 그 주제로만 보여요. 그래서 그 책을 통해 글을 무려 5개나 쓸 수 있었어요. 그리고 또 읽어야 할 책들이 보였죠. 읽을 책 리스트는 바로 수정되었어요." - 참가자 인터뷰

우리는 관심 분야가 있다고 말하면서 실제로는 '직접 파본 적이 없는' 경우가 대부분이다. 이럴 땐 글을 몇 개 써보면 소위 '내 밑천'이라는 것이 적나라하게 드러난다. 그러면서 지금 부족한 것이 무엇인지, 무엇부터 해야 하는지 눈에 보이기 시작한다. 눈에 보이는 대로 하나씩 시작하면 된다. 그러고 나면 다시 무엇을 해야 하는지 연이어 눈앞에 보이기 시작할 것이다. 우리는 이러한 과정을 '선순환의 고리'가 연결되었다고 말한다. 300프로젝트를 시작하면 누구나 이러한 체험을 하게 되는데, 이 선순환의 고리는 그저 자기 자리를 도는 것이 아니라 나선형으로 상승하는 모습을 띤다.

책을 읽고 인터뷰를 하고 글을 쓴다.
다음에 책을 읽을 때에는 이미 많은 것이 달라져 있다.
다시 책을 읽고 인터뷰를 하고 글을 쓴다.
읽어야 하는 책과 만나고 싶은 사람이 늘어난다.
읽어야 하는 이유, 만나야 하는 이유가 선명해진다.
어떤 글을 써야 하는지 조금씩 감이 잡힌다.
읽는 책과 만나려는 사람, 글의 수준이 점점 달라진다.

더 자세히 설명할 필요가 없을 듯하다. 겪어봐야 알 수 있는 일. 일단 눈 딱 감고 시작해보기 바란다. 그리하여 '나선형 선순환의 고리'를 직접 느끼기 바란다. 그러면 어느 순간 관심 분야가 진화하여 꿈이 되고, 그 꿈이 완전히 내 것이 되어 그 누구 앞에서도 자신 있게 말할 수 있는 단계로 나아갈 것이다. 이런 측면에서 300프로젝트는 삶의 목표를 모르는 이들에게 강력한 실천 도구가 될 수 있다.

300프로젝트 실천을 위한 점검 포인트
반복이 아니라 발전이다

'나선형 선순환의 고리'가 연결된다.

어떤 책을 읽어야 하는지 어떤 분을 찾아 이야기를 듣고 싶은지 어떤 글을 써야 하는지 알게 된다. 지금 무엇이 부족한지, 무엇을 해야 하는지가 보인다. 그리하여 독서, 인터뷰, 글쓰기 수준이 달라진다. 결국 꿈을 찾게 해주는 강력한 실천 도구가 된다.

ACTION

내가 써보고 싶은 칼럼의 주제를 적어보자.

NO.	칼럼 주제	형식
1		
2		
3		

*형식: 설명문, 감상문, 기사문 등

#07
결국은 사람이 중요하다

외향적인 사람이 있고 반대로 내향적인 사람이 있다. 어떤 사람은 길을 묻거나 낯선 이에게 말을 걸지 못한다. 이들은 내향적인 사람이다. 반대로 이런 일들이 왜 어려운지 이해가 잘 안 된다면 외향적인 사람이다. 300 프로젝트에서 이런 외향성과 내향성의 차이가 확연하게 드러나는 미션이 바로 인터뷰다.

"유명한 사람들이 저를 만나줄까요?"
"무슨 말을 물어봐야 하죠?"

바쁜 분들에게 만날 시간을 요청해서 약속을 받아내는 일이 어디 쉬울까. 이건 외향적이든 내향적이든 모두에게 어려운 일이다. 하지만 내향적인 사람에 비해 외향적인 사람은 요청하는 데 주저함이 적다. 비교적 쉽게 말한다. 그리고 거절당해도 크게 상처받지 않는다. 반면 내향적인 사람은 어렵게 이야기하고 상처도 심하게 받는 편이다. 그러다 보니 인터뷰 횟수나 진행 속도 면에서 외향적인 사람이 유리한 건 어찌 보면 당연한 일로 보인다. 그런데 일단 인터뷰를 진행하면 그 뒤로는 전세가 역전되어 오히려 내향적인 사람이 빛을 발한다. 내향적인 사람은 진지하고 차분하게 인터뷰를 진행하여 더 많은 내용을 이끌어낸다. 그리고 내용을 정리해서 블로그에 포스팅하는 면에서도 좀 더 끈기가 있다. 그러므로 어떤 성격이 인터뷰에 적합하다고 말할 수는 없다.

인터뷰 섭외가 정말 어렵다면 가까운 사람부터 시작해보시라. 그리고 인터뷰 형식을 다양하게 생각하면 부담이 한결 덜어질 것이다. 정말 만나고 싶더라도 유명인사나 저자 같은 사람들은 인터뷰 섭외 자체가 큰 어려움일 것이기 때문이다. 이런 경우라면 메일을 보내 서면 인터뷰를 요청할 수도 있고, 온·오프라인 강연이나 특강을 찾아가서 듣고 질문 시간을 이용해 궁금한 점을 묻는 것도 좋은 방법이다. 저자라면 저자 사인회나 북토크쇼 등에 참가해 안면을 트고 몇 마디를 나눌 수 있겠다. 최근에는 이런 유명인사들도 대부분 SNS를 통해 자신의 활동을 적극적으로 알린다. 클릭 몇 번이면 이런 기회는 얼마든지 찾을 수 있다. 반드시 대면 인터뷰라는 형식에 집착할 필요는 없다.

인터뷰에는 반드시 질문이 포함된다. 그런데 생각나는 대로 묻다 보면 한 시간이 훌쩍 지나가 정작 물어봐야 할 것은 묻지도 못한 채 이런저런 이야기만 나누다 끝이 나기도 한다. 그럴 때 사전에 인터뷰 질문 리스트를 만들어 인터뷰이에게 보내 놓으면 좋다. 그 질문을 토대로 매끄럽게 인터뷰를 이어갈 수 있기 때문이다. 거기다 강력한 인터뷰 질문은 상대방의 내공이 고스란히 돋보이게 하는 데 도움을 줄 수 있다. 조연심 작가가 10년 넘게 쓰고 있는 인터뷰 질문이 있다. 그의 책 『나는 브랜드다』에 나오는 브랜드방정식 5T를 소개한다.

브랜드방정식 5T

어떻게 재능(Talent)을 찾고 그 일을 하게 되셨나요?

어떻게 훈련(Training)을 하셨는지 3가지만 알려주세요.

어떻게 온·오프라인으로 소통(Talk)을 하고 계시나요?

어떻게 긴 시간(Time)을 견뎌 오셨는지요?

인생의 최고의 때(Timing)는 언제일까요?

브랜드방정식 5T에 맞춰 질문하다 보면 언제 어디서 누구를 만나던 그 사람에 대해 궁금한 사항을 얼마든지 묻고 답하는 데 익숙하게 된다. 조연심 작가 또한 이 공식을 기본으로 네이버 오디오클립과 네이버TV 당신브랜드연구소 <조연심의 브랜드쇼>를 라이브로 방송할 수 있었고, 그의 블로그 <내가 만난 e-사람> 인터뷰 카테고리도 채울 수 있었으며, 카카오채널 <잇츠브랜딩> 인터뷰 코너도 전문가로 채워나갈 수 있게 되었다. 당신이 상대방으로부터 궁금한 질문은 무엇인가? 질문이 곧 당신 자신의 관심사와 연결되고, 그에 대한 답변을 통해 당신의 궁금증을 해결할 수 있게 된다.

블로그에 인터뷰 글이 늘어나면 그것 자체가 섭외하는 데 큰 힘이 된다. 다음의 사례를 보자.

"인터뷰를 해줄 수 있겠느냐는 요청을 받을 거라곤 생각도 못 했어요. 그동안은 공연 리뷰를 꾸준히 써왔고, 인터뷰도 관계자들에게 제가 일방적으로 요청해서 겨우 하던 형편이었거든요. 최근에는 공연 기획사에서 먼저 연락이 와요. 자신들의 공연에 대해 리뷰해달라고요. 그러던 차에 이번엔 주연 배우 인터뷰를 제 블로그에 실어줄 수 있겠느냐고 물어왔어요. 블로그에 유명한 분들 이야기도 많이 올라오고, 방문자 수도 늘다 보니 그런가 봐요." - 참가자 인터뷰

처음이 어렵지, 점점 인터뷰를 하다 보면 그리 어렵지 않게 할 수 있다. 섭외 요령도 늘지만 인터뷰 포스팅이 쌓이면 그것만으로 섭외의 명분이 되기도 한다. 그러니 부단한 노력으로 처음 몇 번의 인터뷰를 성공적으로 마치는 것이 중요하다.

인터뷰를 통해 얻을 수 있는 것은 상당히 많다. 그중 대표적인 것 몇 가지만 추려본다면 다음과 같다.

> 관심 분야에 대한 실질적 정보와 지식.
> 성공에 이른 노하우와 강력한 동기부여.
> 현재 안고 있는 문제나 고민에 대한 조언.
> 인맥 쌓기의 기회.

이들 중 관심 분야에 대한 실질적 정보와 지식은 목표와 방향을 정해야 하는 이들에게 매우 유용한 것이다. 다음의 사례를 보자.

"제가 대학생으로서 아직 확실한 목표가 없습니다. 그러다 보니 300프로젝트에 도전하면서도 여전히 고민이 많습니다. 제 고민은 블로그 제목을 여러 번 바꾼 데서도 드러납니다. 저는 인터뷰를 하면서 많은 걸 배웠습니다. 책 리뷰나 칼럼을 쓸 때는 잘 몰랐는데 인터뷰를 하면서 제가 막연하게 생각했던 목표들의 실상이 어떤지 많이 알게 되었습니다. 처음에 기획 업무를 해보고 싶다고 했다가 오히려 질문을 받고 혼쭐난 기억도 있습니다. 기획의 'ㄱ'자도 몰랐던 것이죠. 많은 이야기를 듣고는 저랑 전혀 안 맞는 분야라는 걸 그때 알게 되었습니다. 그래서 블로그를 싹 뒤집어엎었죠. 그 과정이 여러 번이었습니다. 시행착오였지만, 기죽지 않았습니다. 제가 모르던 걸 하나씩 알아가는 과정이었지요. 저는 관심 분야를 제대로 아는 데 인터뷰가 가장 좋은 방법이라고 생각합니다." - 참가자 인터뷰

소중한 것은 사람에게서 나온다는 말이 있다. 300프로젝트의 위력을 가장 피부로 느낄 수 있는 것은 인터뷰를 늘려갈 때가 아닌가 싶다. 인터뷰할 때에 늘 정중하게, 또 감사하는 마음으로 진행한다. 그리고 인터뷰를 한 다음 어떤 인상을 남길지 주의해야 한다. 많은 300프로젝트 참가자가 증언하듯이, 인터뷰를 통해 정말 좋은 분을 많이 알게 되고, 이것이 인맥의 기회로도 연결되기 때문이다.

"300프로젝트의 취지를 말씀드렸더니 격하게 공감하시고, 저 같은 사람이 우리 시대에 많이 필요하다고 말씀을 하셨어요. 그러시더니 졸업하면 이력서 들고 한번 찾아오라고 하시더라고요. 본인 회사에 자리가 있으

면 뽑을 것이고, 안 되면 다른 곳에 추천이라도 해주시겠다고요." - 참가자 인터뷰

경영자들 모임에서 300프로젝트의 취지와 몇몇 성공 사례를 발표하고 이를 제대로 수행하고 있는 인재가 있다면 채용 의사가 있는지 물어본 적이 있다. 놀랍게도 거의 모든 참석자가 당연히 뽑겠다고 답했다. 틀에 박힌 지원자들에게 많이 실망한 가운데 300프로젝트의 실행력과 현장 중시 특성을 높게 평가한 것이다. 그런데 이런 이야기를 전하면서도 한 가지 염려되는 바가 있다. 그건 인터뷰의 목적을 인맥을 만드는 방법으로 좁혀서 생각하는 사람이 있을까 해서다. 여기에는 주의할 점이 있다. 즉 본말이 뒤바뀌면 안 된다.

300프로젝트가 인맥의 기회로 이어진다는 것은 그간 해온 노력이 상대방에게 강한 신뢰감을 준다는 의미이다. 즉 내용 면에서 블로그가 잘 정리되어 있고 전문성이 엿보인다는 것이고, 동시에 태도에 열의가 느껴진다는 것이다. 이런 기반이 없는 상태에서 300프로젝트에 참가하고 있다는 사실만으로 신뢰감을 줄 수는 없다. 더구나 조금이라도 의도를 갖고 접근하는 사람은 다 안다. 일단 만나는 것에 거부감이 든다. 그렇기에 이런 주의가 필요하다.

> 인터뷰할 때는 쿨하게, 어떤 기대를 품고 접근하지 않는다.
> 성장을 위한 부단한 노력을 지속해야 한다.
> 인맥의 기회는 성장에 비례해서 찾아온다.

꼭! 주의하자. 신뢰할 만한 사람이 되는 것이 먼저다. 사명감을 가지고 목표를 향해 열정을 뿜어내는 사람은 멋지다. 이런 사람은 신뢰감을 주고 이는 강력한 호감으로 이어진다. 이런 사람은 추천을 해줘도 남에게 욕먹을 일이 없기 때문에 기회가 찾아오기 마련이다.

300프로젝트의 마지막 필승 원리는 '사람을 얻게 해준다는 것'이다. 자신의 가치를 높이는 작업이 성과를 얻을 때 '사람의 힘'까지도 얻을 수 있다면 더할 나위가 없다. 달리는 말에 박차를 가하는 것처럼 추진력을 얻을 수 있을 것이다.

CHECK POINT

300프로젝트 실천을 위한 점검 포인트
사람을 얻는 기회

어려운 첫 단계를 넘어서면 탄력이 생긴다. 처음엔 쉽고 다양한 방법을 시도하면 좋다. 본인의 성장이 더해질 때 더 큰 효과를 가져다준다. 부단히 역량을 쌓다 보면 '사람을 얻을 기회'를 가져다준다.

ACTION 01

내가 인터뷰하고 싶은 인물을 선정하여 사전 질문 리스트를 작성해보자.

✏️ 자기소개(인터뷰어)

_____

_____

✏️ 인터뷰하고 싶은 인물과 그 이유:

_____

_____

✏️ 묻고 싶은 질문:

1) _____

2) _____

3) _____

4) _____

5) _____

ACTION 02

300프로젝트 필승 원리 복습하기!

01. _____

02. _____

03. _____

04. _____

05. _____

06. _____

07. _____

*3장의 목차를 참고하여 300프로젝트의 필승 원리를 적어보세요.

청소년을 위한 300프로젝트

4장.
청소년용 300프로젝트,
이렇게 적용하라

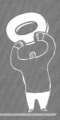

누구나 '나 아닌 남'을 위해 살아본 적이 있고, 특별한 계기가 없는 이상 계속 그렇게 살아가지만, 마음 깊은 곳에는 그 일련의 사슬을 끊고, '남 아 닌 나'로 살고 싶은 법이다. 300프로젝트는 그 마음 위에서 저변을 넓혀 간다. 그러면서 미래의 그림을 그려가는 것이다.

#01
중학교, 자유학년제! 30프로젝트로 물꼬를 틀 수 있다

농구실력으로 사립고등학교에 스카우트된 16세 흑인 소년 지멀 윌리스 는 동시에 문학 소년이기도 하다. 그는 제대로 글을 쓰고 싶었다. 어느 날 그는 자신과 우연한 만남을 가졌던 노인이 단 한 권의 데뷔 소설로 전설 이 된 윌리엄 포레스터라는 것을 알고는 자신에게 글쓰기를 가르쳐 달라 고 부탁하게 된다.

"글 쓰는 걸 도와주실 수 있나요?"

그 한마디로 시작된 특별 레슨이었다. 글쓰기를 가르쳐 달라는 지멀에게 포레스터는 갑자기 제 앞에 타자기를 들고 와서 타이핑하기 시작한다. 그러면서 알려준 첫 번째 조언은 이것이었다.

포레스터: "시작해."

지멀: "뭘 시작하죠?"

포레스터: "쓰라고."

지멀이 가만히 있자 포레스터는 갑자기 타자기 앞에 앉아 타자를 친다.

지멀: "뭘 하시는 거죠?"

포레스터: "글을 쓰는 거야. 키를 두드리기만 하면 되는 거야."

지멀이 망설이자 포레스터가 묻는다.

포레스터: "왜 그러지?"

지멀: "생각 좀 하고요."

포레스터: "아니, 생각은 하지 마. 생각은 나중에 해. 우선 가슴으로 초안을 쓰고 나서 머리로 다시 쓰는 거야. 작문의 첫 번째 열쇠는 그냥 쓰는 거야. 생각하지 말고."

포레스터가 그 자리에서 타자 친 용지를 빼내어 내밀고, 즉석에서 타이핑된 글을 읽어본 지멀이 눈이 커진다.

"맙소사!"

이는 숀 코너리 주연의 「파인딩 포레스터Finding Forrester」에서 나오는 한 장면이다.

10권의 책을 읽고, 10명을 인터뷰하며 10개의 칼럼을 작성하는 것, 바꿔 말하면 30프로젝트(10-10-10)가 되겠다. 이걸 왜 하라는 걸까? 여러분은 글을 잘 쓰고 싶은가? 글은 글쓴이가 가진 감정과 생각을 활자로 남에게 전달하고 설득하며, 나를 정리하고 발전시키는 데 아주 중요한, 굉장히 힘 있는 도구이다.

천 리 길도 한 걸음부터라는 속담이 있다. 무슨 일이든 시작이 있어야한다. 그 시작을 하기 아주 좋은 때가 중학교이다. 중학교 시절에 처음 시작하는 글쓰기와 인터뷰는 내 안에 세상을 담기 위한 그릇 만들기이다. 그러니 큰 것을 기대하고 하라는 것은 아니다. 그냥 이것만 생각하라. 글을 잘 쓰고 싶은가? 내 생각과 의견을 조리 있게 남에게 표현하고 싶은가? 그렇다면 더 이상 묻지도 따지지도 말고 지금 바로 '시작'하라. 그러나 이렇게 말하면 역으로 묻는다.

"언제 하라고요? 우리는 시간이 없어요."

이걸 하기 딱 좋은 시간이 있다. 중학교에서 시행하고 있는 자유학년제 시간을 활용하면 아주 안성맞춤이다. 학생들이 여유를 갖고 자신의 진로를 찾아가는 시간, 바로 그때 30프로젝트로 지성의 물꼬를 틀 수 있다.

300프로젝트에서도 이미 언급했듯이 중학생 대상 30프로젝트의 기본 원칙 역시 동일하다. 관심 분야와 관련해서 10권의 책을 읽고, 10명을 인터뷰하며 10개의 칼럼을 작성하는 것이다. 30프로젝트를 시행하는 데 왕도는 없다. '일단 시작하고 보라.'는 것이다. 행동이 따르지 않는 생각은 자신을 변화시키기 어렵다.

중학생을 대상으로 프로젝트를 어떻게 진행할지 고민하는 사람들에게는 첫발을 내디딜 디딤돌 역할을 해줄 이야기가 있다. 아래는 중학생을 대상으로 30프로젝트를 시행했던 사례를 진행자의 시각에서 간략하게 소개한다.

- 이사벨중학교 학생들과 했던 555프로젝트 수행 사례 -

2014년 부산 이사벨중학교에서는 전성곤 교사의 지도로 555프로젝트가 진행되었다. 전성곤 교사도 대통령 직속 청년위원회 주최·주관 30프로젝트 <더청춘>에 참여하면서 이 프로젝트를 학생 진로 지도에 적용했다. 학생들의 성장을 돕고 싶은 마음에서 시작했지만, 하다 보니 정말 학생들에게도 가르쳐주면 좋겠다는 확신이 들었다. 결과는 만족스러웠다.

우선 갈피를 못 잡는 학생들을 위해 학생들과 협의하여 공통 도서와 공통 칼럼 주제를 선정했다. 또 본격적인 인터뷰 전 학생들 스스로 답변자가 되어보는 학생 대상 인터뷰를 진행했다.

[5권의 책]

공통 도서 읽고 책 리뷰하기

📖 **책 리뷰 공통 도서**

1. 『300프로젝트』 / 조연심, 김태진

2. 『꿈 희망 미래』 / 스티브 김

3. 『살아 있는 뜨거움』 / 김미경

4. 『위대한 시작』 / 고도원

5. 『멈추지 마, 다시 꿈부터 써봐』 / 김수영

👑 **실전Tip**

책 리뷰는 단순히 책을 읽고 정리하는 정도로 마무리하지 않고, 읽은 책의 저자에게 독서 편지를 작성해서 보내기도 했다. 그런 노력과 정성을 보이는 학생들에게 감동한 책의 저자가 직접 학교를 방문해서 강연을 해주는 일이 있었다. 학생들은 책을 읽고 후기를 쓰는 것만으로도 좋은 기회가 연결될 수 있음을 깨달았다.

👥 **[5명의 인터뷰]**

학생들이 서로의 꿈과 인생을 주제로 인터뷰하며 자신의 인생을 고민하고 성장하는 시간 갖기

👑 **실전Tip**

인터뷰는 교사가 학생들에게 꿈과 인생에 관해 질문하는 시간을 가졌다. 학생들은 질문을 통해 진지한 고민을 하게 되었고, 교사는 학생들 한 명 한 명에게 관심을 가지는 게 얼마나 중요한지 깨닫게 되었다. 많은 시간을 함께하면서도 알지 못했던 학생들의 다양한 모습과 잠재력을 알아보는 의미 있는 시간이었다. 질문하는 교사도 질문에 답하는 학생도 모두가 win-win이었기에 인터뷰 이름을 'WinWinterview'라고 하였다.

🌱 **착안점**

❗ 인터뷰는 보통 참여자가 질문자(인터뷰어)가 되어 답변자(인터뷰이)와 진행한다. 하지만 성인의 경우에도 인터뷰 대상자 섭외와 방법 등이 부담스러운 게 사실이다. 더욱이 코로나19로 외부 대면이 어려워 교사가 질문하고 학생이 답변하는 형식으로 진행하였다.

인생에 필요한 질문을 받았을 때, 학생들이 스스로 자신의 인생에 관하여 생각하고 답을 찾으며 성장하도록 답변자 역할을 하게 하였다.

또한, 학생들이 답변자가 되어서 질문을 받고 대답해 보아야 이후에 질문도 잘 만들기 때문이다.

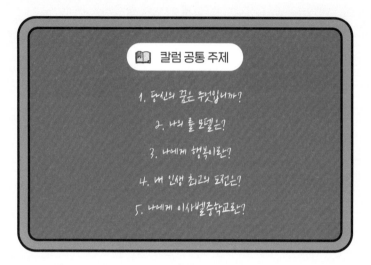

📜 [5개의 칼럼]

공통 주제를 선정하여 칼럼 작성하기

📖 칼럼 공통 주제

1. 당신의 꿈은 무엇입니까?

2. 나의 롤 모델은?

3. 나에게 행복이란?

4. 내 인생 최고의 도전은?

5. 나에게 이사벨중학교란?

👑실전Tip

칼럼의 공통 주제는 수업에서 함께 고민하고 조별로 토의·토론하면서 생각을 공유하고 도출했다. 하나의 질문을 가지고, 다양한 답을 주고받으며 각자의 개성과 차이를 파악했다. 또 칼럼의 공통 주제를 가지고 강연 대회도 열었다. '당신의 꿈은 무엇입니까?'라는 주제로 각 반에서 예선을 진행했고, 이후에는 강당에서 모든 교사와 학생을 대상으로 강연을 하고, 투표를 진행하여 우승자를 선발하기도 했다.

위의 내용을 읽고 '겨우 이게 다야?'라고 묻는 사람도 있을 수 있다. '겨우 이게' 꾸준히 쌓이면 훗날 포레스터가 즉석에서 타이핑한 글을 보고, 지멀이 내뱉었던 말이 상대에게 터져 나오지 않을까?

"맙소사!"

제대로 된 30프로젝트를 통해 진로 탐색을 하려면 다음과 같은 요소를 갖추어야 한다.

📌 **지속성**

: 일회성 프로그램을 여러 개 반복할 것이 아니라 근간을 이루는 하나의 프로그램을 한 학기 이상 지속적으로 운영한다.

📌 **자기 주도성**

: 학교에서 일방적으로 지정하는 체험이 아니라 흥미와 적성에 따라 학생 스스로 관심 분야를 설정하고 목표를 정하며 이를 달성하는 과정이어야 한다.

📌 **흥미 유발**

: 학생 스스로 관심과 재미를 느낄 수 있어야 한다.

📌 **공유**

: 친구들과 각자의 활동을 공유하면서 상호 시너지 효과를 낼 수 있어야 한다.

: 프로그램이 완료되었을 때 성과 측정을 손쉽게 할 수 있도록 가시적 결과물이 나와야 한다.

이런 요소들의 바탕에는 학생 개개인의 잠재력에 대한 믿음이 깔려 있다. 즉 학생은 시키는 공부를 하는 때보다 자신들이 흥미를 느끼고 파고들 때 강한 열의와 책임감을 느끼며 이러한 환경에서 의미 있는 성과물이 만들어진다는 믿음이다.

#02
고등학교, 고교학점제에서도 연장되는 300프로젝트

자신의 생각과 감정을 글로 적으면 내면의 혼란을 잠재울 수 있다. 이는 각자 목적하는 방향으로 나아갈 힘을 기르는 삶의 유용한 행위이다. 역사적으로 이름을 남긴 많은 위인들이 글을 썼다. 지금도 그렇고, 미래 역시 그럴 것이다. 『폼페이 최후의 날』이란 명작을 남긴 에드워드 불워 리턴은 말했다.

"펜은 칼보다 강하다(The pen is mightier than the sword)."

이는 문학이나 언론의 영향력이 얼마나 대단한지 표현할 때 쓴다. 300프로젝트는 '인터뷰'로 글의 힘에 입체감을 더했다고 보면 된다.

300프로젝트를 중학교부터 도입하여 고등학교까지 체계적으로 연결해나간다면 학생들의 두뇌와 감성을 발전시키는 단단한 토대가 될 것이다. 정신과 육체가 발달하는 중·고등학교 6년간 다진 글쓰기 능력은 그들이 청년이 되었을 때 여러 분야에서 엄청난 시너지효과를 낼 것이다. 시간을 훅 건너뛰어 그들이 이뤄낼 결과를 예측해 보면 아마 제3, 제4의 한류도 가능하지 않을까? 게다가 요즘은 모든 것이 인터넷으로 연결된 세상이다. 학생들이 직접 만든 콘텐츠는 졸업장이나 학점과 상관없이 자신을 증명하는 데이터가 된다. 이 데이터는 학생들을 원하는 곳으로 이끌 강력한 힘을 가지고 있음을 기억하자.

고등학교에서 30프로젝트를 시행하려면 어떻게 하면 좋을까?

일부 인문계고 학생들은 대입 수시 모집에 합격하기 위해 과외, 컨설팅뿐만 아니라 포트포리오 대행 등 편법적인 방법을 불사한다. 이는 입학사정관을 속이는 행위이기도 하지만 정작 미래를 살아갈 수험생 개인에게도 전혀 도움이 되지 않는다. 최근에는 입학사정관들도 급조된 포트폴리오를 구분하고, 형식적인 자격증을 배제하려 노력한다. 그러다 보니 수험생과 학부모는 많은 돈을 들여 수시 준비를 하고도 탈락하는 경우가 많다. 인생을 통틀어 보았을 때 매우 근시안적인 행동이고, 사회·경제적으로도 바람직하지 않다.

이런 잘못된 숨바꼭질 같은 현상을 바꿀 30프로젝트를 제안한다. 학생이 큰돈을 들이지 않고 쉽게 할 수 있는 하나의 방법은 중학교 시절부터 꾸준히 개인 블로그를 운영하며 30프로젝트를 하는 것이다.

블로그에 콘텐츠를 올리면 디지털 데이터가 쌓인다. 그 데이터는 검색을 통해 다양한 기회와 연결된다. 자신의 꿈과 열정을 찾아 오랜 기간 적극적으로 글을 쓰며 노력한 학생은 온라인 구독자를 얻는다. 언론의 주목을 받거나 각종 오디션, 일을 제의받을 수도 있다. 한 학기 또는 1년 과정으로 30프로젝트를 운영하며 나를 증명할 토대를 쌓는다면, 얼마든지 스스로 프로젝트를 수행할 수 있다.

중학교 시절 자기주도적 진로 탐색을 한 학생들은 그야말로 자유학년제의 취지에 맞는 성과를 보여줄 것이다. 이러한 성과는 상위 학교에 진학하는 데에도 큰 도움을 준다. 면접을 위해 이보다 좋은 증명 자료가 없기 때문이다. 이런 파급효과를 생각한다면 고등학교 과정에서도 30프로젝트를 적극적으로 도입할 것을 권한다.

위에서는 외부적 파급효과를 말했다.

내부적으로는 질풍노도의 시기를 겪는 학생들이 스스로 감정을 다잡는 파급효과가 있다. 글쓰기는 자신의 감정과 생각을 돌아보고 자아를 발전시키는 데 큰 효과가 있다. 나아가 학교 폭력을 줄이는 데도 도움이 되리라고 예상한다.

실화를 바탕으로 제작된 영화 「프리덤 라이터스Freedom Writers」를 소개한다.

L.A. 슬럼가에 사는 아이들은 늘 마약, 폭동, 인종차별, 아동학대, 친구의 죽음을 목격한다. 그들은 살기 위해 총을 휴대하고 다닌다. 그런 아이들에게 힐러리 스웽크라는 용기 있는 교사가 다가가 글쓰기를 독려한다. 아이들은 이를 받아들여 꾸준히 글을 쓰고 마침내 대다수가 대학에 진학한다. 이 영화는 실화를 기반으로 한 이야기라 더욱 감동적이다.

30프로젝트는 이렇게 유용한 글쓰기를 한 단계 더 발전시킬 수 있다. 고등학교를 다니는 동안 목표를 정하고, 관심 분야의 전문성을 높이기 위해 노력한 과정이 블로그의 기록으로 고스란히 증명된다. 블로그에 차곡차곡 쌓아 둔 글과 자료는 무엇보다도 강력하며 신뢰감을 주는 포트폴리오가 된다.

30프로젝트가 알려지면서 많은 학교가 관심을 갖고 학교 차원에서 도입을 검토하고 있다. 그중에는 혁신학교가 많고, 특성화 고등학교도 상당수 있다. 하지만 앞서 살펴본 바와 같이 취지에만 공감해 아무런 준비와 대비 없이 도입하면 큰 성과 없이 끝날 가능성이 많다. 예산 등의 문제 때문에 개별 학교 차원에서 도입하기에는 현실적인 어려움이 있는 것도 사실이다.

30프로젝트가 성공적으로 도입되려면 다음과 같은 사항이 선결되어야 한다.

📌 **퍼실리테이터**

: 도입만 하고 학생 스스로 하도록 해서는 안 된다. 학생들이 느끼는 어려움을 해결해주고, 흥미와 의욕을 가질 수 있도록 진행하는 퍼실리테이터가 필요하다.

*퍼실리테이터: 회의나 교육 등에서 진행이 원활하게 이루어지도록 돕는 사람

📌 초기 전문가 투입

: 초기에는 전문가를 초청해 프로그램을 진행하고 장기적으로는 담당 교사가 수업 참관 및 연수 등을 통해 프로그램을 진행할 수 있도록 한다.

📌 교사 연수 프로그램 도입

: 많은 학교에서 30프로젝트를 도입하려면 정부나 시도교육청 차원에서 적극적인 지원이 필요하다. 결국 프로그램을 진행할 인력을 확보해야 하기 때문에 퍼실리테이터 양성 과정이나 교사 연수 프로그램이 필요하다.

책 리뷰와 글쓰기는 비교적 쉽게 진행할 수 있지만 인터뷰는 교육 당국의 적극적인 지원이 필요하다.

30프로젝트는 이제 시작 단계이다. 나는 30프로젝트가 정부와 시도교육청의 지원과 응원에 힘입어 전국 규모의 토크 콘서트를 계획·추진할 수 있기를, 그리하여 학생들이 흥미와 적성에 따라 전문가와 교류하는 기회의 장이 마련되기를 희망한다.

30프로젝트 실천을 위한 점검 포인트
고등학교 교육과정 진로 탐색 프로그램으로 활용하자

고교학점제나 혁신학교의 취지를 살릴 실천형 프로그램이 필요하다. 진로 캠프나 방과후 프로그램으로 도입하여 운영하기에 적절하다. 진로진학 상담교사와 국어교사가 진로활동이나 독서활동에 적용할 때 실효를 거둘 수 있다.

창의적인 진로 탐색을 위해서 30프로젝트가 효과적인 대안이다. 한 학년마다 30프로젝트(10-10-10)로 운영하면 적절하다. 퍼실리테이터의 적절한 가이드가 필요하다는 것을 고려해야 한다. 결과물은 고교 전형뿐 아니라 대입에서도 효과적 포트폴리오로 가능하다. 성공적인 도입을 위해 인력 및 체계적인 지원이 수반되어야 한다. 전문적 학습공동체를 구성하여 30프로젝트 운영을 위한 교사 훈련 프로그램이 도입되어야 한다.

#03
직업계고, 직업 역량 강화에 최적의 프로그램

취업난인 시대다. 구직자는 대기업이나 공무원으로 쏠리고 일자리 양극화는 하루가 다르게 심화되고 있다. 비정규직은 증가하고, 사람들이 선호하는 '워라밸 일과 개인의 삶 사이의 균형을 이르는 말' 일자리는 점점 줄어든다. 취업을 앞둔 학생들의 비명이 귀에 들리는 것 같다.

직업계고등학교는 학생들의 취업에 전력을 기울인다. 졸업 후 학생들의 취업률과 취업의 질에 따라 신입생 모집의 성패가 갈린다. 그러나 해마다 줄어드는 중학교 졸업생 수에 따라 직업계고등학교 역시 신입생 수가 줄 수밖에 없다. 그러니 한 명이라도 더 취업시키려 열을 올린다. 그래야 학교도 살아남기 때문이다. 취업률이 낮은 학교는 인원이 축소되거나 다른 학과에 통폐합되고, 심한 경우 아예 사라질 수 있기 때문에 학교 현장의 불안은 지금도 진행 중이다.

최근에는 아예 신입생 단계에서 직업 역량 프로그램을 확보하기 위해 예산을 편성하고 있다. 저학년부터 취업 역량을 높여야 취업률이 원하는 만큼 향상할 수 있다고 본 것이다. 이러한 접근은 매우 타당하다. 미리 진로 목표를 정하고 직업계고등학교에 진학하는 학생들이 적기 때문에 재학 중에 이를 제대로 준비하지 못하면, 결국 취업시장에서도 어려움을 겪는 악순환이 반복된다. 그러므로 갓 입학한 신입생 때부터 진로 탐색 프로그램을 확대·강화하고, 취업에 필요한 자기만의 역량을 기를 수 있는 프로그램을 적극적으로 지원해야 한다. 문제는 이러한 취지에 부합하는 효과적인 프로그램을 확보하는 것이다.

아래는 효과적인 진로 탐색 프로그램이 갖추어야 할 요소이다.

📌 **목표 설정**

: 자신이 원하는 직무와 목표 기업을 좁혀 나갈 수 있어야 한다.

📌 **전문성 강화**

: 직무수행에 필요한 역량을 갖추고 강화하는 과정이어야 한다.

📌 **스토리 기능**

: 해당 직무에 적임자가 되기 위한 노력을 스토리화해야 한다.

📌 **인맥 확보**

: 정보를 얻고, 추천도 받을 수 있는 인맥을 확보하는 과정이어야 한다.

📌 **빅데이터 축적**

: 본인이 스스로 인재임을 증명할 데이터가 수반되어야 한다.

이런 요소들이 제대로 모이면 서류전형이나 면접전형에서 활용할 수 있는 훌륭한 포트폴리오가 만들어진다.

앞에서 살펴본 것처럼 30프로젝트는 취업에 필요한 핵심 역량, 특히 차별화된 자기만의 역량을 확보하기에 완벽한 도구다. 학생 시각에서 30프로젝트를 시작한다는 것은 곧 자신의 관심 분야를 설정하는 작업이다. 쉽지 않은 일이지만, 3장에서 살펴본 필승 원리 중 6번째인 '안다는 건 안목이 생겼다는 뜻이다.' 원리에 따라 프로젝트를 진행해보자. 선순환 고리에 접어들면서 차츰 관심 분야를 좁혀 나가게 된다. 일정 시간 이상 프로젝트를 진행하면 '전문성 강화'와 '스토리 기능'은 자연스럽게 확보된다. 예를 들어 1년 동안 열심히 30프로젝트를 추진했다면 그간 읽은 책, 만난 사람, 자신의 글이 블로그에 차곡차곡 쌓인다. 목표 직무를 위한 노력이 데이터로 일목요연하게 증명되기에 글쓴이가 어떤 역량을 갖추었는지가 그대로 보이는 것이다.

30프로젝트만의 가장 큰 장점은 인터뷰를 하며 인맥을 확보하는 측면이다. 관심 분야에 대한 실용적인 정보를 제공해주고, 나의 노력을 인정해줄 멘토와 유대 관계를 맺을 기회이기 때문이다. 인맥을 통한 실제적 정보가 있는 학생은 자신에게 어떤 교과목이 꼭 필요한지, 어느 기업의 인턴 경험이 필요한지 등 구체적인 목표를 세울 수 있다.

전문가들은 목표를 정확하게 설정하는 것만으로도 취업 성공률을 현격히 높일 수 있다고 강조한다. 명확한 목표가 없는 학생들은 대기업만 찾게 되고, 결국 '묻지 마 지원'으로 전락한다.

반면, 명확한 목표를 세우면 선택의 폭이 넓어진다. 규모는 작아도 성장 가능성이 큰 기업에 취업할 수도 있고, 공부를 더 하거나 심지어는 창업을 할 수도 있다. 대기업을 선택할 경우라도 지원 동기가 확고하고, 강력한 스토리가 있으며, 신뢰할 수 있는 포트폴리오가 있어 다른 학생들보다 높은 경쟁력을 가지게 된다.

중장기적으로 취업률을 높이는 효과 외에도 30프로젝트를 선도적으로 도입한 직업계고 학교에서는 교내 인재들이 외부로 널리 알려지는 기회를 얻게 된다. 부수적인 기대 효과인 셈이다. 2014년 '책쟁이' 브랜드로 활동하는 김종오 학생은 300프로젝트로 대한민국 인재상을 수상하여 학교의 위상을 드높였다. 또한 사회 각 분야의 명사들이 300프로젝트에 도전하고 있는 사람들에게 전하는 응원 영상과 인터뷰도 인상적이었다. 가수 인순이와 꿈쟁이 김수영 작가는 홍보대사로 함께해 주었다. 300프로젝트가 자신과의 싸움에서 이겨야 하는 고된 과정임을 공감하는 어른들의 따뜻한 위로와 격려였으리라.

학교 차원에서 적극적으로 프로그램을 도입하고 지원한다면 학생들이 끼와 재능을 마음껏 드러낼 것이다. 인터뷰로 사람들과의 네트워크를 확대하며 다양한 기회에 노출될 뿐만 아니라 매체나 네티즌 등을 통해 반복적으로 주목받는다. 이는 학교를 널리 알리는 가장 좋은 홍보 방법이 될 수 있다.

30프로젝트를 연계한 직업계고 학생 취업 역량 강화 프로그램은 학교 상황에 따라 다양하게 적용할 수 있다. 다만 공통 참고 사항을 정리하면 다음과 같다.

📌 **신입생 대상**

: 진로활동으로 채택하여 1년 동안 기본 틀을 잡을 수 있도록 한다.

📌 **2학년 대상**

: 전공·학과별 별도 프로그램을 운영해 멘토링 등 추가 지원에 집중한다.

📌 **3학년 대상**

: 취업, 진학, 창업 등 다양한 진로 목표에 알맞은 맞춤형 프로그램을 운영한다.

📌 **별도 프로그램 운영**

: 위 항목에서 필요한 경우 전략학과를 지정해 별도 프로그램을 운영한다.

📌 **참여 방안**

: 학생들의 적극적인 참여를 지원할 방안을 마련한다.

즉, 전체 신입생을 대상으로 30프로젝트의 개념 이해와 시작을 도울 강의를 진행하고, 핵심 역량을 만들어야 하는 시기인 2학년 학생들에게는 학과별 프로그램을 운영하여 필요에 따라 맞춤식 성과를 낸다. 이때는 개별 학생들의 고민을 들어주고, 함께 해결 방법을 찾으며, 목표를 공유하는

친구들과 소규모 프로젝트를 진행할 수 있도록 이끄는 퍼실리테이터가 필요하다. 초반에 충분한 가이드를 제공하고, 그룹 활동을 통해 학생 간에 서로 도움을 주고받을 수 있도록 해야 한다. 책 리뷰나 인터뷰 활동은 개인이 진행하는 것보다 그룹으로 진행할 때 더 효과적이다.

학과별 프로그램이 어느 정도 진행되면 퍼실리테이터의 활동보다는 학생들의 결과물을 각자의 포트폴리오로 만들 수 있도록 개인 맞춤식 멘토링 활동을 진행해야 한다. 멘토링 과정에서는 자신이 목표한 직장에서 요구하는 핵심 역량을 잘 이해하고, 그에 부합하는 성과를 부각하는 데 집중한다.

학교 차원에서는 학생의 참여를 높이고, 동기를 부여하기 위해 적극적인 지원 방안을 준비해야 한다. 예를 들어 30프로젝트를 필수로 수행하도록 국어 등 관련 교과목과 융합하는 프로젝트 등의 장치를 마련할 수도 있고, 30프로젝트를 통해 대외적으로 주목받으며 학교 홍보에 기여한 학생에게는 보상 차원의 장학금을 수여하는 등 우수 참가자에 대한 지원책을 마련할 수도 있다.

현재 30프로젝트에 대한 직업계고의 관심이 높다. 그런데 30프로젝트가 본래 개인이 참가할 수 있는 자기계발 프로그램이다 보니 학교 차원에서 어떻게 도입하면 좋을지 문의가 많다. 분명히 짚고 넘어가야 할 것은, 개인이 진행하는 30프로젝트와 학교 차원에서 진행하는 30프로젝트는 다르다는 것이다.

학교 차원에서 많은 학생을 대상으로 진행하려면 시작 전 가이드를 충분히 제공해야 하고, 진행 과정도 온전히 개인에게 맡겨둬선 안 된다. 퍼실리테이터와 멘토를 적극 활용해 학생 개개인이 마주한 문제를 잘 해결하도록 도와야 한다. 또한 다른 학생과 의견을 주고받으며 협력하는 과정에서 많은 부분을 해결하도록 해야 한다.

300프로젝트는 이미 상표권이 등록된 프로젝트이다. 많은 분야의 사람들이 참가하였으며, 검증된 내용으로 만들어진 하나의 완성된 역량 강화 프로그램이다. 서울시 비영리단체 글로벌 창의인재양성소에서 검증된 멘토 그룹이 왕성한 활동을 하고 있으며 자격증을 가진 현장형 퍼실리테이터도 양성되고 있다.

남은 것은 프로그램을 학교 내 어느 그룹에 집중적으로 실시할 것인지 결정하는 것이다.

다음은 직업계고등학교에서 시행했던 333프로젝트(3-3-3) 사례이다. 30프로젝트(10-10-10)보다 작게 시행했지만 역시 효과가 있었고, 진행자로서 뿌듯했던 기억이라 후기를 간략히 정리하였다.

조연심 작가가 강남영상미디어고등학교 졸업생으로부터 받은 메시지를 옮긴 글이다.

📩 언제나 열정적이신 손영배 선생님께!

선생님, 안녕하세요. 하은이예요. 얼마전 선생님께서 전근 가시게 되었다는 이야기를 들었어요. 올해에도 강남고에 계실 줄 알고 있었는데 가신 다는 이야기를 듣고 속상했어요. 짧다면 짧고 길다면 긴 1년 동안 전 선생님으로부터 많은 것을 배우고 느끼게 되었어요. 그 중에 가장 기억에 남는 일은 아마도 '333프로젝트' 발표했던 날인 것 같아요! 남들 앞에 서는 게 두렵고 나를 누군가에게 알린다는 것이 처음인 제가 이리저리 피해다니면서 안 한다고 했을 때, 선생님께서 용기를 주셔서 제 한계를 극복할 수 있었어요. (웃음) 안 했더라면 지금쯤 후회하고 있다는 이야기를 이 편지에 쓰고 있겠죠? 좋은 기회 만들어주시고 응원해주셔서 정말 감사드립니다.

(이하 생략)

위 글은 내가 강남영상미디어고등학교를 떠나던 때 김하은 학생으로부터 받은 편지의 일부를 발췌한 것이다.

당시 학기 초 333프로젝트를 시행하면서 학생들에게 동기를 부여하기 위해 300프로젝트의 원 저자인 조연심 작가 초청강연회를 개최하였다. 이어 333프로젝트를 수행하고, 마지막에 TED처럼 발표하고 경진 대회 수상자와의 토크쇼를 진행했다.

당시 처음에는 전교생 앞에서 하는 발표라 선뜻 나서는 학생이 없었다. 발표할 학생이 선정된 후에도 발표 자료 제작부터 발표 연습까지의 과정이 녹록치 않았다. 하지만 그 과정을 이겨내고, 발표 경험을 쌓았던 제자들은 위에서 언급했듯 시간이 흘러도 감사의 마음을 표현하는 훌륭한 사회인으로 성장했다. 최수빈 학생은 현재 제주에서 NGO 활동을 하며 조연심 작가와도 인연을 이어가고 있고, 김하은 학생은 일과 학습을 병행하면서 경희대학교에 재학 중이다.

이렇게 333프로젝트 활동은 지금도 많은 학생에게 선한 영향력을 미치고 있다.

― 직업계고등학교 학생들과 했던 333프로젝트 수행 사례 ―

2) 영종국제물류고등학교 333프로젝트

다음은 프로젝트 진행 방법을 고민하는 교사를 위해 마련한 참고 자료
이다. 영종국제물류고등학교에서는 333프로젝트를 교육과정계획서 내
학교중점사업으로 선정해 다양한 방법으로 진행했다.

진로 수업 시간
활용

온·오프라인
진로 캠프 실시

국어 교과
연계 수업 활용

진로 수업 시간을 활용하여 창의적 체험활동(진로활동)시간에 '롤 모델 발표'를 진행하였다. 전교생에게 1인 1블로그를 개설한 후 블로그 내 카테고리를 '책 읽기, 인터뷰, 칼럼'으로 구성토록 하였다. 롤 모델과 관련된 책을 읽고, '책 읽기' 카테고리에 포스팅하도록 지도하였다.

👑 실전Tip
─────────────────

1인 1롤 모델 선정하기
∨
선정된 롤 모델 관련 도서 검색/주문/독서
∨
롤 모델 발표
∨
읽은 롤 모델 도서를 블로그에 포스팅

❗ 이때 학교는 고교학점제 예산으로 모든 학생에게 롤 모델 관련 도서를 구매해 주어 진로활동을 지원함.

─────────────────

333프로젝트 온·오프라인 진로 캠프를 1, 2학년 대상으로 실시하였다.

👑 실전Tip

300프로젝트 저자 특강

∨

드림보드 3T 작성

∨

블로그 포스팅

∨

333프로젝트 카페 개설 및 탑재(블로그 공유하기)운영

∨

온라인 1:1 코칭

∨

발표 경진 대회 실시

∨

만족도 조사

❗ 실행 과정에서 캠프의 강사진인 퍼실리테이터의 지원과 역할이 필요함.

이처럼 전교생을 대상으로 한 333프로젝트 외에도 더 관심 있는 학생들을 위해 창제 동아리와 자율동아리를 개설해 30프로젝트(10-10-10)를 수행했다.

그 밖에 국어 교과와 연계해 국어 수업 시간에 진로 분야와 관련된 책을 읽고, 발표하는 수업을 진행했다. 학생들의 적극적인 참여로 다른 교과와도 연계 가능성이 있다고 판단하게 되었다.

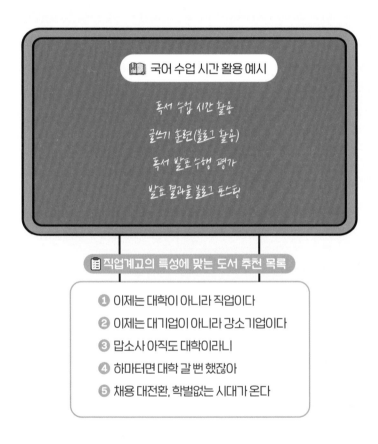

📖 국어 수업 시간 활용 예시

독서 수업 시간 활용

글쓰기 훈련(블로그 활용)

독서 발표 수행 평가

발표 결과물 블로그 포스팅

📋 직업계고의 특성에 맞는 도서 추천 목록

❶ 이제는 대학이 아니라 직업이다
❷ 이제는 대기업이 아니라 강소기업이다
❸ 맙소사 아직도 대학이라니
❹ 하마터면 대학 갈 뻔 했잖아
❺ 채용 대전환, 학벌없는 시대가 온다

많은 학생들이 블로그 글쓰기를 통해 자신의 잠재력을 발견했다. 평소 말 수가 적은 학생들도 글로 자신을 표현하는 데는 두각을 나타냈다. 다양한 방법으로 진행해본 경험자로서 강력하게 권하고 싶은 프로그램이다.

우리 학생들은 주어진 업무를 배우는 것에서 나아가 스스로 창직을 해야 하는 4차 산업혁명 시대에 살고 있다. 이미 우리 주변에도 여러 개의 직업을 가진 'N잡러'들이 많이 보인다. 이런 시대의 흐름에 부응할 수 있도록 학생들의 능력을 업그레이드 해주는 것이 학교와 교사, 학부모가 할 일이 아닐까? N잡러, 전문 프리랜서 시대에 맞는 디지털 역량을 강화하고, 개인의 브랜드(퍼스널 브랜드) 가치를 상승시킬 수 있는 기반이 되는 것이 바로 300프로젝트이다. 학교의 상황과 커리큘럼에 따라 30프로젝트(10-10-10), 333프로젝트, 555프로젝트 등으로 변형하여 진행하기에도 무척 용이하다.

영종국제물류고등학교는 333프로젝트로 학교 브랜드 가치도 올렸다.

2021년부터 나는 1, 2학년 대상으로 333프로젝트 온·오프라인 진로 캠프를 진행했다. 학생들은 자신의 롤 모델 관련 책 3권을 읽고 후기를 썼다. 또한 조연심 작가의 퍼스널 브랜딩 특강을 들은 후 인터뷰 후기를 작성했다. 마지막으로 꿈을 구체적으로 만드는 드림보드 3T(To be, To have, To do)를 칼럼에 적으며 두 달에 거쳐 333프로젝트를 완수하였다. 그뿐만 아니라 온라인 줌Zoom으로 학생들의 진행 과정을 개별적으로 피드백하여 학생들의 높은 만족도와 성장을 이루어냈다.

그 결과, 네이버에 '영종국제물류고등학교'를 검색하면 학생들이 직접 포스팅한 롤 모델이나 진로 관련 콘텐츠가 상단에 노출됐다. 2022년 많은 특성화고교가 신입생 모집 미달이었던 것과는 달리 영종국제물류고등학교는 학과를 늘렸음에도 특별전형에서 1.6:1의 경쟁률로 신입생을 모집하는 데 성공했다. 333프로젝트가 학교 홍보 차원에서도 빛을 발한 순간이었다. 또한 2023년에는 인천광역시교육청 핵심 정책인 읽·걷·쓰 프로젝트와 연계한 333프로젝트 동아리 경진대회에서 영종국제물류고등학교의 30프로젝트 자율동아리 학생들이 우수상을 수상하여 25명 전원 국외연수라는 큰 상을 부상으로 받기도 했다.

CHECK POINT

30프로젝트 실천을 위한 점검 포인트
직업계고 취업 역량 강화 프로그램으로 활용하자.

직업계고는 실천 지향의 취업 프로그램이 필요하다.

30프로젝트는 취업률을 높여주는 근본적·장기적 프로그램이다. 목표 설정, 전문성 강화, 스토리 기능인, 인맥 확보, 빅데이터 축적까지 가능한 완성형 프로그램이다.

신입생 대상 필수 과목으로 지정해 기초 과정을 이수하도록 하고, 2, 3학년은 학과별 맞춤식으로 진행해야 성과를 거둘 수 있다. 퍼실리테이터와 멘토의 참여가 필요하다. 예산 편성 등 학교 차원의 적극적인 지원이 효과를 높인다.

#04
300프로젝트가 그리는 미래

질문을 하고 싶다. 당신의 삶에 대한 것이다.

당신의 어린 시절과 학창 시절은 행복한가?
당신의 청춘과 직장 초년생 시절은 행복한가?
당신의 직장생활과 당신이 꾸리는 가정생활은 행복한가?
그리고 당신이 살아갈 미래의 삶은 행복할까?

행복을 정의하는 방법은 여러 가지가 있고, 동일한 상황에서도 각자가
행복을 느끼는 정도는 매우 다를 것이다. 그런데 300프로젝트에 참가하
는 이들은 행복을 느끼는 면에서 공통점을 갖고 있다. 글로 풀어낸다면 다
음과 같이 정의할 수 있을 것이다.

관심 분야를 집중적으로 공부하며 자기만의 잠재력을 찾아내고,

전문성을 갈고 닦아 함께 살아가는 사회에 기여하고,

그것을 많은 이로부터 인정받을 때 가장 큰 행복을 느낀다.

그런데 이런 행복의 정의가 특별한 사람들 마음에만 다가오는 것일까? 그렇지 않을 것이다. 현실적 이유로 어렵다고 느낄 뿐, 이 문장을 읽을수록 공감하는 이가 많으리라 생각한다. 그러므로 앞서 나열한 우리 삶의 여러 시기 중 그 어느 시기에서든 우리는 당신이 300프로젝트와 만나는 기회를 얻게 되기를 희망한다. 단, 청소년기에 300프로젝트를 만나면 삶을 행복으로 물들이는 데 훨씬 더 많은 가능성을 가지고 출발할 수 있다고 말하고 싶다.

남이 해야 한다고 해서 했던 공부

남들도 하니까 필요도 없는 지식을 줄줄 외우며 치렀던 시험

남들이 가니까 뒤따라 줄 서서 갔던 직장

남들을 위해 대부분의 시간을 보낸 직장생활

남 눈치를 보며 버텨도 결국 나가야 하는 직장

누구나 '나 아닌 남'을 위해 살아본 적이 있고, 특별한 계기가 없는 이상 계속 그렇게 살아가지만, 마음 깊은 곳에는 그 일련의 사슬을 끊고, '남 아닌 나'로 살고 싶은 법이다. 300프로젝트는 그 마음 위에서 저변을 넓혀 간다. 그러면서 미래의 그림을 그려가는 것이다.

📌 중·고등학교를 그려본다

: 선행학습에 찌들고, 틀에 박힌 내용을 주입식으로 배우던 아이들이 서로 자신의 관심 분야를 열정적으로 이야기한다. 이제는 시험을 위해 교과서만 외우지 않는다. 자신이 집중하는 분야에서는 대학 전공 서적이나 논문을 보는 것이 어색하지 않다. 많은 책을 읽었고, 많은 분을 만나 세상 이야기를 경청했다. 그런가 하면 자신의 생각을 글로 풀어내는 것이 어렵지 않다.

📌 대학을 그려본다

: 재수, 편입, 학점 세탁, 영어 공부, 자격증… 이제 더는 이런 형식적인 스펙을 추구하는 이들은 없다. 열정과 끈기가 학생들의 가치를 만든다. 학생들은 자신이 좋아하고 자신 있는 분야의 블로거로 많은 인지도를 쌓고 있으며, 더 노력한 학생들은 이미 최고의 전문가들과 경쟁하고 있다. 자신을 말해야 할 때 블로그 주소만 말해주면 된다. 이미 최고의 포트폴리오를 만들어 놓았기 때문이다.

📌 직장생활을 그려본다

: 회사를 먹여 살릴 고부가가치 지식을 가진 이에겐 수십 명분의 연봉을 주는 시대가 되었다. 이제 기본적인 관리와 문서 작성 업무를 하는 화이트칼라는 대접받지 못한다. 직장은 경쟁력 있는 자신만의 전문성으로 무장하고 새로운 차원의 부가가치를 만드는 이들이 협력하는 장

소가 되었다. 늘 첨단정보를 접하고, 인문학적 시야를 넓히며 동료 전문가들과 교류한다. 이들은 사내 지식경영 프로그램을 더 알차게 만들고, 명함에 적힌 직책이 아닌, 자신의 전문성으로 인정받는다.

📌 **직장생활 그 이후를 그려본다**

: 이제 평생직장은 없다. 아무리 오래 다닌다고 해도 남은 인생에서 직장생활이 절반을 넘는 사람은 극히 드물다. 직장이 내 삶을 대표할 수 없게 된 시대, 많은 이가 오늘도 자신의 잠재력을 탐색하고, 전문성을 높이고 있다. 그리하여 얻고자 하는 것은 자신의 브랜드이다. 스스로 만들어낸 가치 있는 지식으로 다른 사람과 차별화하기 위해 평생 꾸준히 성장하는 사람이 늘어난다.

이처럼 300프로젝트가 꿈꾸는 세상에서는 우리 사회 구성원 모두가 각자 어떤 상황에 있든 부단히 성장한다. 자기가 좋아하는 일을 하며 그 일로서 자신의 가치를 실현한다. 그런 가운데 우리 사회도 새로운 성장 동력을 얻는다. 하지만 상황은 어려웠다. 국가 간 경쟁이 치열한 가운데 선진국 뒤를 바짝 쫓던 우리나라는 반대로 개발도상국들의 거센 추격을 받았다. 수십 년간 제조업으로 먹고살았지만 제조업 경쟁력은 어느새 맹추격하는 국가에게 밀리게 되었고, 선진국을 뛰어넘어야 했지만 창조 역량이 부족하다 보니 시대를 앞서는 제품과 서비스를 만들지 못했다.

그러던 우리 사회가 한 사람 한 사람이 바뀌면서 조금씩 바뀌기 시작했다. 먼저 학교가 바뀌고 이어 직장도 바뀌었다. 학교는 꿈과 끼를 일깨우는 교육을 적극 도입하여 각자의 잠재력을 키웠고, 그런 토양에서 자란 많은 젊은이가 자신의 아이디어를 바탕으로 새로운 비즈니스를 속속 선보인다. 기업들도 미래를 위한 투자에 앞장서서 지금까지 없던 새로운 제품들과 서비스를 선보인다. 세계는 이제 메이드 인 코리아에 주목하고 다음 제품에 기대를 품는다. 이제는 우리가 표준이다. 21세기 르네상스가 바로 이것이다.

CHECK POINT

300프로젝트 실천을 위한 점검 포인트
300프로젝트가 꿈꾸는 세상은 한마디로

내가 바로 서기에
모든 것이 제대로 자리 잡는
그런 세상이다.

청소년을 위한 300프로젝트

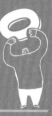

이젠 그대다

이것도 할 예정이었고 저것도 그랬어.
온갖 계획에 따라 온갖 일들이
여기서 벌어질 예정이었지.
하지만 실제로 이뤄진 것은 하나도 없었어.
-   존 콜름

살면서 언젠가 한 번쯤은 이런 넋두리가 없는, 그런 진실의 순간이 있
으면 좋겠다. 정말 중요하다고 생각한 것에 말이다. 나 자신에 실망하지
않음은 물론, 실제로 지금까지의 삶을 온전히 바꿔버리는 그런 순간이 있
으면 좋겠다. 그렇지 않은가? 정말 많은 이가 한목소리로 들려준 이야기
가 있다. 그건 300프로젝트를 시작하기로 결심하고 묵묵히 실천한 것이
이른바 '그런 순간'이 되었다는 것이다. 이젠 그대 차례다. 300프로젝트
가 지금의 삶을 바꿀 힘을 갖고 있다고 느낀다면 그 느낌을 놓지 말고 그
대로 시작하면 된다.

🏅 엠블럼을 다는 것으로 시작된다

시작을 위해 엠블럼부터 달자. 300프로젝트 공식 카페에 신청하면 예쁘게 디자인 된 엠블럼을 받을 수 있다. 단, 신청 전 먼저 해야 할 일들이 있다.

📌 블로그 개설을 한다

: 블로그 서비스는 대표적으로 네이버, 다음, 티스토리 등이 있는데 어디에서 개설하든 상관없다.

📌 블로그 이름을 정하고, 자기소개란을 작성하고, 카테고리를 분류한다

: 300프로젝트를 위해서는 책 리뷰, 인터뷰, 칼럼 이렇게 세 가지 카테고리를 기본으로 하지만 자기 필요에 따라 얼마든지 바꿀 수 있다.

📌 엠블럼에 들어갈 자신의 별명을 정한다

: 평소 쓰던 별명도 좋고 300프로젝트를 통해 자신이 만들어 갈 전문성을 나타내는 별명도 좋다. 청소년이라면 학교명과 자신의 이름을 넣는 것을 추천한다.

[글로벌창의인재양성 300프로젝트 카페]

💻 cafe.naver.com/brandhow

블로그 옆에 선명하게 달리는 엠블럼은 300프로젝트가 시작되었음을 말해주는 증거가 된다. 스스로 하는 선언이며 이 선언으로 나를 되찾는 여정이 시작된다.

[300프로젝트 엠블럼]

🐾 시간을 견디는 방법

300프로젝트는 '나를 바꾸는' 작업이다. 그만큼 야무진 각오가 필요하다. 바쁠 때는 우선순위에서 밀릴 수도 있다. 혹은 성과를 바라는 조급한 마음에 의욕이 오르락내리락할 수도 있다. 그러므로 지속적인 실천을 위해 다음과 같은 방법을 사용할 것을 권한다.

📌 **30프로젝트(10-10-10)로 시작해본다**

: 책 리뷰, 인터뷰, 칼럼을 각각 100개씩 한다는 것은 생각보다 쉬운 작업이 아니다. 그러므로 처음엔 가볍게 각각 10개씩 도전해보는 것도 좋다. 이는 중·고등학교나 대학교 프로그램으로 많이 사용되는데 한 학기에 성과를 내기에 적절한 분량이다. 실제로 많은 이가 초기 슬럼프 때, 10-10-10 도전으로 극복한 사례가 많다.

📌 **중간 목표를 정하자**

: 앞서 10-10-10 방식도 같은 원리지만 300프로젝트를 꾸준히 밀고 나가기 위해서는 좀 더 세밀한 중간 목표가 필요하다. 각자 자신의 실천력에 맞게 월간, 혹은 주간 목표를 설정하면 목표 관리가 훨씬

용이해진다. 예를 들어 일주일에 칼럼 3개에 도전한다거나, 책 리뷰, 인터뷰, 칼럼을 각각 한 개씩 쓰겠다고 할 수 있다. 혹은 한 달동안 책 리뷰를 5개 달성한다고 할 수도 있다.

📌 **그룹으로 뭉친다**

: 혼자 공부하는 것보다 그룹으로 스터디할 때 더 잘된다고 느끼는 경우 그룹을 모아보는 것도 방법이다. 그룹이 잘 모이고 활동도 잘하려면 관심 분야를 공유하는 이들을 모아야 한다. 함께 책 리뷰도 하고 인터뷰도 공동으로 진행하면 혼자 하는 것보다 추진력을 얻을 수 있다. 또한 각자 프로젝트에 대해 서로 피드백하고 아이디어를 교환하는 것도 많은 도움이 된다.

👍 **300프로젝트의 모델이 되자**

지금까지 많은 사람이 300프로젝트에 도전했고, 그중 많은 이가 스타가 되었다. 처음부터 스타가 되려고 시작한 사람은 없다. 그저 자신과의 싸움을 묵묵히 이겨내다 보니 어느새 다른 이들이 주목하게 된 것이다. 이처럼 스타가 된 블로거들은 300프로젝트의 열렬한 전파자이기도 하다. 이들은 강연 등의 기회를 통해 자신의 경험을 나누면서 많은 사람이 300프로젝트에 참여할 수 있도록 독려하고 있다. 이른바 모델이 되는 것이다. "내가 꿈을 이루면 나는 다시 또 누군가의 꿈이 된다."는 말이 있다. 그래서일까? 이들에 대한 호응은 뜨겁다. 자신의 체험을 이야기하기 때문에 신뢰할 수 있고, 접근 방법 역시 평소 해야겠다고 느끼던 것들이기 때문이다. 나와 다른 엘리트가 아니라 우리와 다를 바 없는 평범한 이들이 들려주는 이야기라 더 진실하게 다가온다.

이젠 당신의 차례다. 300프로젝트의 모델이 되자. 모델이 뭔가. 다른 사람들이 닮고 싶어 하는 모습을 가진 사람이다. 300프로젝트의 모델이란 다음에서 볼 수 있듯 책 리뷰와 인터뷰, 자신의 글을 쓰는 과정에서 즐겁고 행복한 체험을 만들어낸 사람들이다.

책 리뷰는 읽고 싶은, 그리고 읽어야 할 책들을 원 없이 읽고 기록하며, 다시 읽어야 할 책들의 리스트를 채워가는 체험을 하자. 상상만으로도 설레는 일이다. 리뷰를 하나씩 올릴 때마다 읽어야 할 책 목록 리스트를 하나씩 지워나가다 보면 그 순간 말로 설명하기 어려운 뿌듯함이 밀려온다. 읽은 책이 늘어날수록 책을 고르는 눈이 생기고, 어떤 책을 집어도 완독하는 시간이 점점 줄어드는 것은 독서의 즐거움을 더해준다. 그만큼 제반 지식이 늘어나 쉽게 이해되기 때문이다.

인터뷰도 그에 못지않은 즐거움을 준다. 우선 만나야 할 사람들을 떠올려보자. 다양한 방법으로 만남의 기회를 만들고, 부득이하다면 메일을 통해 질문의 답을 구해보자. 가장 중요한 것은 본래 사람에게서 얻을 수 있다고 하지 않는가! 블로그의 영향력이 강력해지면 처음엔 상상도 못 했던 이들을 섭외하는 기분 좋은 경험도 가능해진다. 이렇게 만나는 이들이 나를 기억해주고 정보를 교류하며 때론 도움도 주고받는 인맥이 된다. 이

전의 혼자였던 나는 할 수 없던 일도 그 분야의 사람들과 함께하면 해낼 수 있게 된다.

칼럼은 자기 글을 말한다. 글을 쓰면 자신이 부족한 것을 실감한다. 그리고 부단히 노력한다. 지식을 쌓고 좋은 글을 모으고 또 이런 저런 주제를 붙들고 늘 생각한다. 시간이 흘러 자신이 썼던 글을 다시 읽어보면서 깨닫는다. 정말 글을 못 썼다는 것을. 그 말을 뒤집어보면 이젠 보는 눈이 달라졌다는 것을 의미한다. 때론 자신이 쓴 글에 만족해 몇 번이고 다시 읽어보기도 한다. '자뻑'일까? 이런 자뻑은 얼마든지 해도 된다. 글쓰기는 가장 어렵지만 가장 빨리 실력을 키우는 방법이다. "글 잘 쓰시네요."라는 댓글이 달리면 의욕이 배가 된다. 이럴 때 글쓰기는 그 무엇보다 즐겁다.

이 모델들은 이러한 새로운 경험 속에서 자신의 삶을 완전히 바꾼 사람들이다. 300프로젝트의 모델 중에는 이른바 '지망생'이 많았다. 아직 자격을 갖추진 못했지만 자신이 원하는 무언가가 되겠다는 생각만 갖고 있던 이들. 하지만 그들은 해냈다. 물론 지금 당장 대단한 성공을 거둔 유명인이 되었다는 것이 아니다. 책을 읽고, 사람을 만나고, 자기 글을 쓰면서 자신이 꿈꾸는 그런 사람이 되어가고 있다.

하지만 이들은 하나같이 삶을 대하는 태도가 완전히 달라졌다고 말한다. 그리고 자신이 가는 길이 옳다는 확신을 하게 되었다고 말한다. 이들 중에는 불우한 환경, 혹은 연이은 실패 속에서 좌절할 충분한 이유가 있는 이도 있었고, 지금까지의 삶이 잘못되었다고 길을 잃은 이도 있었다. 그러던 이들이 300프로젝트를 만났다. 그리고 해냈다.

청소년을 위한 300프로젝트

부록 | 참고자료

청소년을 위한 300프로젝트_부록01

#부록 01

청소년 버전 300프로젝트 보너스 TIP 5

나의 꿈 구체화하는 '드림보드 3T' 만들기

1) 큰 종이 위에 'OOO의 드림보드 3T'라고 적기

2) To be: 나의 장래 희망, 직업, 직장 혹은 롤 모델 적기

3) To have: 가지고 싶은 것, 이루고 싶은 것 적기

4) To do:

✏️ **To do Before**: To be와 To have를 이루기 위해 해야 할 구체적인 목표 적기

✏️ **To do After**: 꿈을 이루고 난 뒤엔 무엇을 하고 싶은지 적기

"오랫동안 꿈을 그리던 사람은 그 꿈을 닮아간다."

- 앙드레 말로

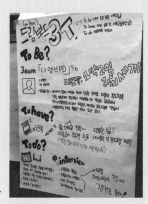

드림보드 3T 활동 예시 사진 ▶

나의 꿈을 온라인에 기록하는 '블로그 포스팅'

1) 내 블로그 개설하기 (네이버/티스토리 등)
2) 블로그 명과 별명, 프로필 사진 등 나의 진로와 관련된 전문 분야를 나타낼
　수 있도록 수정하기
3) 블로그 카테고리 설정하기

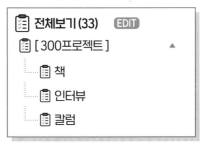

4) 글쓰기 버튼을 눌러 제목과 본문 작성하기
5) 사진이나 영상, 글감 등 다양한 기능 사용하여 본문 꾸미기
6) 발행 버튼을 누르고 카테고리 설정 후 태그(#) 추가하여 발행하기

"실패란, 넘어지는 것이 아니라 넘어진 자리에 머무는 것이다."
- 아네스 안, 『프린세스 라 브라바』中

'책 후기' 잘 쓰는 방법

1) 읽을 책 목록 선정하기

  1-1) 관심 분야의 전문성을 높여줄 수 있는 책을 선정한다.

  1-2) 관심 분야를 모르겠으면 일단 여러 분야의 책을 읽어보고 흥미가 생기는 분야를 찾는다.

2) 기록하기 위해 책 읽기

3) 책 후기를 '본/깨/적'으로 블로그에 포스팅하기

  ✏️ 본 것: 주요 내용, 줄거리, 핵심 내용, 인상 깊었던 구절 등을 정리

  ✏️ 깨달은 것: 책을 통해 새롭게 알게 된 점, 느낀 점, 생각 등을 나의 언어로 정리

  ✏️ 적용할 것: 보고 깨달은 것을 통해 앞으로 내 삶에 적용할 수 있는 실천 방안 제시

4) 포스팅 제목/본문/해시태그에 책 제목과 저자 이름을 포함하여 발행하기

6) 발행 버튼을 누르고 카테고리 설정 후 태그(#) 추가하여 발행하기

"많이 읽고, 또 생각하십시오.

살면서 할 수 있는 가장 확실한 투자입니다."

- 워런 버핏

인터뷰 잘하는 방법

1) 만나고 싶은 분야의 인물 선정하기

2) 나만의 공통 질문 리스트 정하기

3) 인터뷰 요청 시 자기소개와 인터뷰 이유, 사전 질문을 미리 공유하기

4) 인터뷰할 인물에 대해 미리 조사하기

5) 인터뷰 섭외는 가까운 사람부터 시작하기

6) 다양한 인터뷰 형식 활용하기

   ✏️ 메일을 통한 서면 인터뷰

   ✏️ 강연/특강 등의 질문 시간 이용하기

   ✏️ 저자 사인회나 북 토크쇼 참여하기

6) 함께 찍은 사진을 포스팅에 첨부하기

7) 포스팅 제목/본문/해시태그에 인터뷰이 이름과 관련 브랜드(회사, 제품, 분야 등)를 포함하여 발행하기

"성공하고 싶은가? 그렇다면 성공한 사람을 만나라."

- 나폴레온 힐

칼럼 잘 쓰는 방법

1) 글쓰기 할 분야의 키워드 선정하기

2) 키워드에 대한 내 생각을 있는 그대로 쓰기

3) 늘 기록을 염두에 두고 생활하기

4) 잘 쓰기보다는 꾸준히 쓰기

5) 포스팅 제목/본문/해시태그에 키워드 포함하여 발행하기

"스스로 글을 썼다. 그러자 난 지식을 얻게 되었다."

\- 피터 드러커

청소년을 위한 300프로젝트_부록02

#부록 02

블로그 포스팅 TIP 7

Q TIP 1. 전문 분야 & 키워드 설정하기

✎ 인스타그램 해시태그 걸듯 사람들이 검색을 통해 내 블로그에 들어올 수 있도록 키워드 설정

✎ 포스팅 제목, 본문 내용 포함하여 3~4회 정도 자연스럽게 반복
(너무 많아도 네이버에서 스팸 처리)

키워드 예시

#영종국제물류고   #300프로젝트   #국제관세   #국제물류

#(본인 이름)   #(자격증 이름)   …

Q TIP 2. 클릭을 부르는 제목 짓기

✎ 방문과 클릭을 유도하기 위해 흥미로운 제목을 짓는 것이 필수

✎ 너무 길면 읽지 않기 때문에 간결하면서도 핵심 키워드를 포함 시켜야 함

✎ '~하는 방법 세 가지', '~에 대한 꿀팁 다섯 가지' 등 '주제+구체적 숫자'로 조합해보며 제목 짓기 연습하기

✎ '주제 관련 메인 키워드 + 파헤쳐드립니다' 등으로 흥미 유발

제목 예시

[300프로젝트/칼럼] 특성화고에 대해 낱낱이 파헤쳐보자 – 영종국제물류고 양O민

Q TIP 3. 썸네일 통일하기

✏️ 관련 이미지를 썸네일로 하거나 통일된 템플릿에 깔끔하게 핵심 내용 작성(전문성, 통일성)

✏️ 망고보드/미리캔버스/캔바 사이트 활용하여 썸네일 제작

썸네일 예시

[100권의 책] 강소기업시
리즈_#12. 종결편...
2022. 03. 10   💬 15

[100명의 인터뷰] 직업계고
소식지 특별하게 인터뷰...
2022. 03. 07   💬 17

[100권의 책] 「아주 작은 성
장의 힘」 북 리뷰...
2022. 03. 05   💬 9

Q TIP 4. 미션 위젯 활용하기

✏️ 마스터 위젯/100일 위젯 활용

✏️ 목표 시각화 & 셀프 동기부여 & 블로그 홍보 효과

✏️ 300프로젝트 이후 포스팅을 이어가고 싶은 친구들에게 강력 추천

미션위젯 설정페이지

미션위젯으로
나의 도전 목표를
기록하세요.

Q TIP 5. 책: '본/깨/적' 활용하기 ☆

✏️ 본 것, 깨달은 것, 적용할 것의 관점에서 책을 정리
✏️ 포스팅에 체계성, 통일성 줄 수 있음

본 것

**주요 내용/줄거리/핵심
내용/인상깊은 구절**
등을 알기 쉽게 정리

깨달은 것

책을 통해 **새롭게 알게된
점**이나 **깨달음(인사이
트)**을 나의 언어로 정리

적용할 것

보고 깨달은 것을 통해 앞으
로 내 삶에 적용할 수 있는
구체적인 실천 방안 제시

Q TIP 6. 인터뷰: '브랜드 방정식 5T' 질문 활용하기 ☆

✏️ 네이버에 '브랜드 방정식 5T'를 검색하여 포스팅 참고
✏️ 인터뷰하고 싶은 대상의 SNS 채널, 메일 등으로 정중하게 요청
✏️ 인터뷰 요청이 어렵다면 해당 인물의 책이나 강의를 찾아보고 답변을
   직접 상상해서 적어보는 것도 좋은 훈련

> **브랜드 방정식 5T**

(재능 Talent) (훈련 Training) (소통 Talk) (시간 Time) (타이밍 Timing)

*출처: 조연심 『나는 브랜드다』

✏️ 칼럼은 정해진 답과 형식 없이 자유롭게 쓰는 글

✏️ 네이버에 검색해서 친구들 포스팅 + 추천 주제 참고

✏️ 글만으로 내용을 채우기 힘들다면 이미지, 영상 등을 첨부(풍부한 볼거리 제공, 모든 포스팅에 해당하는 팁)

(칼럼(column))

신문이나 잡지 등에서 시사문제, 사회풍속 등을 촌평하는 난

칼럼은 시정에서 일어난 일부터 자연이나 계절의 변천에 이르기까지 **모든 것을 소재로 삼을 수가 있고**, 한 사람의 필자가 **주관적인 감상**을 서술하는 경우가 많아 독자들에게 보다 친근감을 주기도 한다.

청소년을 위한 300프로젝트_부록03

#부록 03

고교학점제 학업계획서 적용 사례

(예시) 영종국제물류고등학교 학업계획서 "나의 꿈 이룸 계획서"

✎ 학업계획서 양식 예시_1) 진로 관련 독서활동

👣 진로 관련 독서활동

도서명

저자 | 출판사

독서시작 .   .   . | 독서종료 .   .   .

핵심 주제 및 내용

책을 읽고 난 후의 느낌이나 생각: 나의 꿈(또는 생각, 생활 등)

✎ 학업계획서 양식 예시_2) 희망 진로 분야 전문가 인터뷰

🤝 희망 진로 분야 전문가 인터뷰

전문가	인터뷰 내용 요약	나의 진로와 관련하여 알게 된 점
분야 전문가 성명		
분야 전문가 성명		
분야 전문가 성명		

✎ 학업계획서 양식 예시_3) 칼럼쓰기

📖 칼럼쓰기

제목	
분야	
종류	※ 종류의 예: 에세이, 콘텐츠, 발표자료, 자기소개서 등

칼럼

DOWNLOAD

고교학점제 학업계획서 적용 사례
학업계획서 양식 PDF 파일 다운로드

https://bit.ly/300file01

청소년을 위한 300프로젝트_부록04

#부록 04

333프로젝트 진로 캠프 활동 사진

청소년을 위한 300프로젝트_참고자료

#워크시트
333프로젝트 기획 워크숍

333 프로젝트 기획 워크숍
WORKSHEET

3권의 책을 읽고, 3명의 전문가를 인터뷰하고, 3개의 칼럼을 작성하라! 재능 탐색을 위한 3/3/3 프로젝트

1. 나의 분야가 드러나는 **주제 정하기**

1분 마구쓰기: 머릿 속에 떠오르는 모든 단어를 마구 적기

3분 주제쓰기: 나의 관심을 끄는 단어를 정해 그 단어를 주제로 떠오르는 모든 것들 적기

꼬리에 꼬리를 무는 생각을 가능하게 하는 나의 관심 주제는?

333 프로젝트 기획 워크숍
WORKSHEET

3권의 책을 읽고, 3명의 전문가를 인터뷰하고, 3개의 칼럼을 작성하라! 재능 탐색을 위한 3/3/3 프로젝트

2. 책 - 주제와 관련된 책 선정하기

No.	책 제목	저자 이름	선정 이유
1			
2			
3			

333 프로젝트 기획 워크숍
WORKSHEET

③

3권의 책을 읽고, 3명의 전문가를 인터뷰하고, 3개의 칼럼을 작성하라! 재능 탐색을 위한 3/3/3 프로젝트

3. 인터뷰 - 인터뷰이(대상자) 선정하기

No.	인터뷰이 이름	인터뷰이 소개	선정 이유
1			
2			
3			

333 프로젝트 기획 워크숍
WORKSHEET

④

3권의 책을 읽고, 3명의 전문가를 인터뷰하고, 3개의 칼럼을 작성하라! 재능 탐색을 위한 3/3/3 프로젝트

3. 인터뷰 - 사전 질문리스트 작성하기

인터뷰어인 자신을 소개해 주세요
인터뷰를 하려는 이유는 무엇인가요?
인터뷰를 통해 무엇을 얻고 싶은가요?
묻고 싶은 질문들을 미리 적어보세요.

333 프로젝트 기획 워크숍
WORKSHEET

3권의 책을 읽고, 3명의 전문가를 인터뷰하고, 3개의 칼럼을 작성하라! 재능 탐색을 위한 3/3/3 프로젝트

4. 칼럼 - 칼럼 세부 주제 선정하기

No.	칼럼 주제	형식 (설명문/감상문/기사문 등)
1		
2		
3		

333 프로젝트 기획 워크숍
WORKSHEET

5. 일정과 데드라인을 정하여 공식화하기

프로젝트 시작일	년 월 일	마감일	년 월 일

	책	데드라인	체크
1			☐
2			☐
3			☐

	인터뷰	데드라인	체크
1			☐
2			☐
3			☐

	칼럼	데드라인	체크
1			☐
2			☐
3			☐

6. 모든 과정을 기록하고 소통하기

333 프로젝트를 기록할 온라인 채널:

나의 소통 계획:

DOWNLOAD

청소년을 위한 300프로젝트_참고자료
333프로젝트 기획 워크숍 PDF 파일 다운로드

https://bit.ly/300file02

MEMO

MEMO

🎁 <청소년을 위한 300프로젝트> 학교 수업용 강의안 다운로드
· '모야컴퍼니 블로그'에서 확인할 수 있습니다.
· 압축 파일 패스워드: 300forschool

청소년을 위한 300프로젝트

1판 1쇄 찍음	2022년 3월 18일
2판 1쇄 펴냄	2023년 11월 24일

저자	손영배·조연심

출판	(주)캠퍼스멘토
제작	(주)모야컴퍼니

총괄기획	박선경 (sk@moyacompany.com)
책임편집	최미화
연구기획	김예솔·민하늘·양채림
디자인	박선경
워크시트 디자인	최유정
경영지원	지재우·윤영재·임철규·최영혜·이석기
마케팅	이동준·신숙진·김지수·강덕우·박지원·송나래
발행인	안광배·김동욱

주소	서울시 서초구 강남대로 557(잠원동, 성한빌딩) 9F
출판등록	제 2012-000207
구입문의	(02) 333-5966
팩스	(02) 3785-0901
홈페이지	www.campusmentor.co.kr (교구몰)
	www.moyamall.com (모야컴퍼니)
	smartstore.naver.com/moya_mall (모야몰)

ISBN	979-11-92382-29-6(43190)